어제 오늘 그리고 내일

| 이화영 지음 |

쿰란출판사

어제 오늘 그리고 내일

인사의 말씀

이화영 목사

은혜다
모든 것이 은혜다

멈추지 않고 걸어온 것
포기하지 않고 일어선 것
죽지 않고 산 것이 은혜다

그때 그 길을 걷고
그때 그 말을 듣고
그때 그 일을 한 것이 은혜다

아빠가 된 것
할아버지가 된 것
목사가 된 것이 은혜다.

전도사
부목사
금호교회 위임목사
이제 은퇴하는 것이 은혜다

부모님의 은혜
성도님들의 은혜
하나님의 은혜다

은혜로 부르시고
은혜로 지키시고
은혜로 나를 만드셨다

어제도
오늘도
그리고 내일도 은혜다
은혜에 감사하며 영광 돌린다.

차례

머리말 - 4

봄

봄을 이기는 겨울은 없다	12	복 달아난다	28
얼마나 봄을 맞을 수 있을까?	13	우수	29
사랑비	14	늦게 핀 꽃	30
꽃밭에서	15	하늘이 도왔다	31
나는 네가 아니야	16	성도는 시인(詩人)이다	32
쑥	17	꽃이 되게 한다	33
4월의 꽃비	18	근심하지 말라	34
아카시아 꽃	19	슈룹	35
푸른 인생	20	빙긋이 웃으신다	36
살리는 향기가 돼라	21	예수님과 함께	37
부탁이다	22	봄의 노래	38
손녀에게 배운다	23	불안하십니까?	39
사랑하면 따라 한다	24	두 번의 설날	40
딸의 딸	25	여전히 살얼음판이다	41
새해의 축복	26	냉이는 생명이다	42
새해 마음먹기	27	가야 할 곳이 있는 달팽이처럼	43
		꽃길을 걸으세요	44
		등나무에 꽃이 피었습니다	45

풀어달라고 해라	46
싸움에서 이기라	47
시련은 백신이다	48
정월 대보름 달	49
엄마 같은 딸	50
켜고, 꺼라	51
흙이 생명이다	52
딸이 갔다	53
꽃비	54

여름

5월을 드립니다	56
장미가 말을 건다	57
유월의 축복을 받아라	58
꽃밭이다	59
모기의 외침	60
강물은 흐른다	61
아픔은 고통이다	62
기후 재앙	63
울지 마라	64
배 아파요	65
해석하기 나름이다	66

예배는 교회에서 드려야 하나?	67
나를 살리는 말씀	68
나는 진짜인가?	69
엄마처럼	70
잘 지내십니까?	71
사랑이 세상을 바꾼다	72
여호와는 나의 목자시니	73
빗소리	74
고난의 유익	75
행복한 사람인가?	76
오늘 시작하라	77
하늘이 무너지지 않는 것은	78
깊이 생각하라	79
종소리	80
편안과 평안	81
선동에 속지 말라	82
좋은 날이 올 것이다	83
저들이 수호천사다	84
지지율(支持率)	85
존중에는 보상이 있다	86
푸틴은 하나님을 믿는가?	87
인간은 이렇다	88
리더를 원한다	89
윤형주	90
아버지 때문에	91

확률로 사나?	92
내 편, 네 편	93
신향영원(信香永遠)	94
못 본 체하지 말라	95
학교 가기 싫은 날이 있다	96
이 나이 되도록	97
누구나 이럴 수 있다	98
행복은 선택이다	99

가을

9월이다	102
9월의 하늘	103
여름이 다 갔네	104
아름다운 사람	105
추석 명절	106
딱 좋은 계절	107
가을의 기도	108
가을에는 책을 읽게 하소서	109
천상의 정원	110
낙엽에서 낙법을	111
때를 알라	112
주의 영광을 내게 보이소서	113

같이 춤춰요	114
엄마 사랑	115
행복하십니까?	116
그땐 정말 몰랐다	117
말이 존재다	118
한마디의 말	119
흙수저 최고 부자	120
어머니는 수술을 원하지 않는다	121
공원에 가라	122
사람만 옷을 입는다	123
먹어야 먹인다	124
산촌 처녀와 어촌 총각	125
기분이 째진다	126
갈대 피리	127
행복이 뭔가?	128
웃었다 울었다가	129
죽었으나 살아 있다	130
이씨와 해씨	131
새롭게 하소서	132
트로트 열풍	133
외로움	134
튀르키예를 위해 빈다	135
고집이 있어야 한다	136
얘야, 보고 싶다	137
재미와 의미	138

교회도 이래야 한다	139
죽을 뻔했다	140
젤렌스키와 아슈라프 가니	141
지난 시절은 돌아오지 않아도	142
운명이라 하지 말라	143
아빠 찬스	144
이쁜 사람	145
최고의 군사	146

겨울

가오리 연 이야기	148
가만히 들으면 들린다	149
옛집 국수	150
조급해하지 말라	151
외할머니가 오셨다	152
환대하라	153
한철 피었다 지는 꽃들도	154
대진표 바꾸기	155
나사렛 정신	156
별일이 없어야 할 텐데	157
화영아~	158
이 나이에	159

살아가는 시간과 살아내는 시간	160
길에 대한 회한	161
아니 벌써	162
12월의 소리	163
끝까지 간다	164
나 때문에 네가	165
유명한 사람 좋은 사람	166
세월을 이길 장사가 있나?	167
어제와 오늘과 내일	168
모든 것이 은혜다	169
기다림의 기쁨	170
어이할꼬	171
괜찮으십니까?	172
내가 먼저 왔는데	173
시간 여행	174
시퍼런 세월	175
후회하지 않는 삶	176
고(故) 김동길 교수	177
풀어주시는 하나님	178
봄이 오는 소리	179
사람이 그리워야 사람이다	180

봄

풀리는 봄!
풀림이 없는 봄은
봄이 아니다

봄을 이기는 겨울은 없다

봄이 왔다
겨울이 아무리 춥고 길어도
마침내 봄이 왔다

봄은 풀림이다
날이 풀리고
땅이 풀리고
몸이 풀리고
마음이 풀린다

얼림을 녹이는
따뜻한 봄바람은
생명을 주는 능력이다
생명이 있기에 가치가 있다

풀림이 없는 봄은
봄이 아니다
훈풍이 분다
햇빛도 따사롭다

차가운 관계
얼어붙은 믿음을 녹이자
빛을 이기는 어두움이 없듯
봄을 이기는 겨울은 없다

얼마나 봄을 맞을 수 있을까?

3월이 되었다
벼락같이 봄이 왔다

몇 번째 맞는 봄인가?
얼마나 많은 봄을 맞았던가?
일곱 번씩 열 번의 봄을 맞았다
많기도 하다

봄을 좋아하신 엄마는
그렇게 봄을 좋아하셨지만
이만큼의 봄을 살지 못하셨다

이제 나는
얼마나 더 많은 봄을 맞을 수 있을까?
개나리가 얼굴을 드리우고 반긴다
나도 웃는다

앞으로 몇 번이나
개나리와 인사할 수 있을까?
얼마나 더 봄 내음을 맡을 수 있을까?
봄의 시간이 점점 줄어든다

봄꽃이 내년에 또 보잔다
꼭 보자고 손 내민다
그러자고 악수를 했다

사랑비

비가
봄을 만나
봄비가 되고
비가
밤을 만나
밤비가 된다

마른 땅이
비를 만나
단비가 되고
꽃이
바람을 만나
꽃비가 된다

사람이
별리를 만나
눈물비가 되고
주님이
나를 만나
사랑비가 된다

꽃밭에서

꽃들이
싸우지 않는다
남의 자리 뺏지 않는다
남의 것을 넘보지 않는다
자기 위치를 지킨다

꽃들이
자랑하지 않는다
내가 앞에 있다고
내가 가운데 있다고
내가 더 곱다고 뽐내지 않는다

꽃들이
부러워하지 않는다
팬지는 팬지처럼
제비꽃은 제비꽃처럼
데이지는 데이지처럼 당당하다

서로 웃는다
함께 노래한다
모두 칭찬한다
같이 산다
다 꽃이다

나는 네가 아니야

봄에 보는 나무와
여름에 보는 나무
가을에 보는 나무
겨울에 보는 나무가 다르다

낮에 보는 산과
캄캄한 밤에 보는 산
비 오는 날 보는 산
눈 내리는 날 보는 산이 다르다

기쁠 때 보는 강과
슬플 때 보는 강
쓸쓸할 때 보는 강
아플 때 보는 강이 다르다

혼자 가는 길과
둘이 가는 길
떨어져 가는 길
손잡고 가는 길이 다르다

나는 네가 아니고
너는 내가 아니다
다르다
다 다르다

쑥

향긋한 냄새
뭔가 보인다
생명이다

쑥쑥 큰다.
들리지 않게
들리지 않는 소리로 큰다

쑥쑥 자란다
보이지 않게
보이지 않는 보폭으로 자란다

쑥쑥 오른다
눈에 띄지 않게
눈에 띄지 않는 속도로 오른다

마침내 전이 되고,
국이 되고,
떡이 되고,
약이 되고,
향이 되어

우릴 지키고
온 동네를 지키며
지구를 지킨다

4월의 꽃비

비가 내린다
춤을 추며 내린다
환하게 웃으며 내린다

구름 한 점 없고
하늘도 맑은데
비가 쏟아진다

저렇게 쏟아지는데
옷이 젖지 않는다
우산을 쓴 이도 없다

비를 맞으면서도
좋아한다!
연신 영상에 담는다

하얀 비
붉은 비
노란 비가 내린다

이 비가 그치면
싹이 나고
열매를 맺고
그리고 또 다른 비가 오겠지

아카시아 꽃

아카시아 꽃이 필 때면
까만 교복 모자를 쓰고
학교에서 막 돌아와
지치고 허기진 모습으로
아카시아 꽃을 훑어 먹던 소년이 생각난다

아카시아 꽃이 필 때면
아카시아 꽃을 머리에 꽂고
마치 나쁜 짓을 하다 들킨 아이처럼
깜짝 놀라 쏜살같이
집으로 뛰어들어간 소녀가 그립다

아카시아 꽃이 필 때면
부지런히 날갯짓하며
이 꽃 저 꽃을 넘나들며
신나게 춤을 추던 꿀벌들이 아른거린다

아카시아 꽃이 피었다
모양도
향기도 그때와 똑같다
그러나 소년 소녀도, 꿀벌도 없다
그립다, 보고 싶다

푸른 인생

푸르다
하늘도, 산도
들도, 나무도, 풀도
여기도, 저기도 푸르다

푸르다는 것은
살아있다는 것이다
힘이 있고
꿈이 있다는 것이다

한껏 푸르름을 자랑하는 나무들은
포동포동
살이 오른 아이처럼
발랄한 소년, 소녀처럼
빛이 나고 윤기가 흐른다

이를 보는 우리까지
풍성하게 하고
활기가 넘치게 한다

푸르르라
늙어도 결실하며
진액이 풍족하게
청청함을 누리라

살리는 향기가 돼라

냄새가 난다
나무에는 나무 냄새
풀에는 풀 향기
식당에는 식당 냄새
꽃집에는 꽃향기
빵집에는 빵 냄새
사람에겐 사람 향기

어떤 냄새는 다가가게 하고
어떤 냄새는 피하게 한다
어떤 냄새는 불쾌하고
어떤 냄새는 유쾌하다
어떤 냄새는 활짝 웃게 하고
어떤 냄새는 찡그리게 한다

냄새에는 힘이 있다
퍼지는 힘이 있다
모으는 힘이 있다
어떤 향기는 사람을 살리고
어떤 냄새는 사람을 죽인다

부디 살리는 향기가 돼라

부탁이다

살다 보면
악한 말
가시가 돋친 말
비난의 말을 들을 때가 있다

살다가 보면
억울한 일
험한 일
뒤통수를 맞을 때가 있다

이때
싸우고 싶다
따지고 싶다
갚아주고 싶다

그러나
부탁이다
싸우지 마라
누가 옳으니 따지지 마라
화내지 말라

그래도
사랑하기를 선택하라

🌱 손녀에게 배운다

7살 된 손녀에게 배우는 것이 있다
덥니? 하면 아니!
잠 오니? 하면 아니!
빵 줄까? 하면 아니!!

좋은 것은
좋아- 라고 분명하게 말한다

그러나 싫은 것은
아니라고
단호하고 또렷하게 전한다

사람들이 다윗에게
새같이 산으로 도망가라고 했다

터가 무너지는데
믿음이 무슨 소용이냐?
다 그만두라고 했다

이때 다윗은 아니?
아니- 라고 했다

무너지는 산이 아닌
무너지지 않는 영원한 터인
주님께 피하겠다는 결연한 의지다

봄 23

사랑하면 따라 한다

요즘 달라졌다
먹는 것이 달라졌다

아침에 전에 안 먹던 빵도 먹고
간식으로 과자도 먹고
돈가스도 먹고
아이스크림도 먹는다

버터에 노릇노릇하게 구운 빵에
치즈를 얹어서 잼을 발라 먹는다
얼마 전까지만 해도 생각지도 못한 일이었다

손녀가 잘 먹는 것을
따라 먹다 보니 이렇게 변했다

사랑하면 따라 하게 된다
즐겨 하게 된다
닮아간다

주를 믿는다는 것은 무엇인가?
내 마음대로
내가 하고 싶은 것을 하는 것이 아니다

내가 하고 싶은 일을 내려놓고
주가 기뻐하시는 일을 하는 것이다
달라지는 것이다

딸의 딸

딸의 딸이
딸과 함께 먼 길을 왔다
딸도 내 딸이고
딸의 딸도 내 딸이다

딸의 딸도
내 딸처럼 날 닮았다
딸의 딸도
딸처럼 예쁘다

뒷모습도
웃는 모습도 말소리도
걷는 모습도 심장을 뛰게 한다

딸의 딸도
딸과 같은 선물이다
하나뿐인 선물이다
바꿀 수 없는 축복이다

딸의 딸과
딸이 있으니
나에겐 한가위다

새해의 축복

헐몬산은
이스라엘 최북단에 있다
백두산보다 조금 더 높은 산으로
항상 산봉우리에 눈이 덮여있다

낮과 밤의 기온차가 크기에
대기 중에 수분이 급격히 냉각하여
밤에는 산 주위에 이슬이 맺히고
해가 뜨면 물이 되어 흐른다

물방울이 모여
개천이 되고
개천은 강이 되어 흐른다

물이 닿는 곳마다 풀이 나고
나무가 자라고, 꽃이 피고
벌과 나비가 춤을 추며
땅이 비옥해져 풍성한 열매를 거둔다

헐몬의 이슬이
온 땅에 생명을 공급하는 것처럼
만복의 근원이신 하나님의 복이
풍성하게 흘러넘치기를 축복한다

새해 마음먹기

먹는 것으로 말하면
중국 사람들을 따라갈 수 없다
책상다리를 빼고 다 먹는다고 한다

그러나 이에 뒤지지 않는 나라가 있다
우리나라다

우리나라 사람들도 모든 것을 다 먹는다
나이도 먹고
욕도 먹고
더위도 먹고
1등도 먹는다고 한다

특히 잘 먹는 것이 있다
마음이다

새해가 되면 마음을 먹는다
비록
오늘의 결심이
작심삼일이 될지라도
마음을 먹자

그리고
사흘 후에 또 먹자

복 달아난다

복 많이 받으라고 인사한다
고맙다
우울한 마음이 환해진다
차가운 세상이 따뜻해진다

그러나
복은 달라고 해서
얻어지는 것이 아니다

복 받을 만한 사랑을 품고
복 받을 만한 일을 해야 한다
이런 면에서 복은 만들어지는 것이다

어릴 때 들었던 말이 있다
복 달아난다는 말이다
다리를 떨거나
한숨을 쉴 때
복이 달아난다고 했다

복 달아날 일을 하지 마라
복을 털어내지 마라
복 받을 말을 하라
그리고 복 받을 일을 하라

우수

우수는 풀리는 날이다
날이 풀리고
땅이 풀리고
강이 풀린다

우수처럼 갈등이 풀리고
미움이 풀리고
사랑의 아지랑이가 피어오르기를 구한다

이처럼
억울함이 풀리고
상한 마음이 풀리고
따뜻한 훈풍이 불기를 갈망한다

그만
전쟁의 광기가 풀리고
질병의 아픔이 풀리고
평안의 새봄이 오기를 소원한다

부디
무지의 마음이 풀리고
불신의 생각이 풀리고
새 하늘과 새 땅의 소망을 가지기를 기도한다

늦게 핀 꽃

밀치고
시샘하고
가로막는다

검은 구름
거센 바람
찬비가 막았다

그래도
마침내
기어이 웃는다

사람이
정한 시간이 아닌
그분의 시간표대로 피었다

더 화사하게
더 아름답게
더 풍성하게

조급해하지 마라
필 때가 있다
늦게 핀 꽃의 향기가
더 오래간다

하늘이 도왔다

경북 울진, 강원 삼척 산불이
역대 최장기 산불 기록을 세우며
213시간 만에 진화됐다
서울 면적의 40% 이상을 태워
사상 최대 피해를 냈다

50년 만에 찾아온 극심한 겨울 가뭄과
순간 초속이 25m가 넘는 강풍
두껍게 쌓인 낙엽이 말라붙어서
좀처럼 불을 끌 수 없었다

이런 상황에 비가 내리면서
화마를 겨우 잡을 수 있었다
불길이 잡힌 다음 날 이런 기사가 실렸다

봄비, 하늘이 도왔다
동해안 산불 213시간 만에 진화

손을 쓸 수 없을 만큼 넓은 지역에
사람의 손이 닿지 않는 험한 곳까지 비가 뿌리면서
불길을 잡을 수 있었다는 것이다

인간의 수고 외에
하나님의 도우심이 있어야 한다

🌸 성도는 시인(詩人)이다

'사월'이라는 시가 있다

"도대체 이 환한 날에 누가 오시는 걸까
진달래가 저리도 고운 치장을 하고
개나리가 저리도 노란 종을 울려대고
벚나무가 저리도 높이 축포를 터뜨리고...
어느 신랑이 오시기에 저리도 야단들일까?"

시인은 누군가?
꽃에서 하나님의 솜씨를 보고
바람에서 계절의 소리를 듣고
보고 들은 것을
글로 표현해내는 사람이다

성도는 누군가?
'저 장미꽃 위에 이슬
아직 맺혀 있는 그 때에
귀에 은은히 소리 들리니 주 음성 분명하다'

성도는
우주 만물을 통해서
하나님의 말씀을 읽고
거기서 주의 음성을 듣고
감격하며 찬양하는 시인(詩人)이다

꽃이 되게 한다

교회 화단이 있다
작은 화단이지만
내 눈에는 작게 보이지 않는다

크게 보인다
화단이 주는 의미와 기쁨이 크기 때문이다

어떤 이는 장미가 되게 한다
어떤 이는 팬지가 되게 한다
어떤 이는 백합이 되게 한다
화단을 지나는 사람마다 꽃이 되게 한다

금잔화처럼 웃게 하고
제라늄처럼 반기게 하고
수국처럼 축복하게 한다

어떻게 예쁜 화단이 되었나?
누군가 예쁜 마음으로 심고 가꾸기 때문이다

예쁜 생각을 하는 사람들이
세상을 아름답게 한다

가정은 어떤가?
교회도
가정도 마찬가지다

근심하지 말라

근심은 잡초와 같다
심지 않아도 난다
곡식은 심어야 싹이 난다
잡초는 그렇지 않다

곡식은 가꾸어야 한다
잡초는 가꾸지도 않아도 잘 자란다
곡식은 뽑으면 죽는다
그러나 잡초는 뽑아도 자란다
돌아서면 자라는 것 같다

잡초의 이런 근성을 곱게 보고
포기하지 않는 인생을 잡초 인생이라고 하고
어느 가수는 잡초라는 노래를 불러 많은 공감을 얻었다

잡초가 토양에는 분명 좋은 점이 있다
그러나 농사에는 도움이 안 된다
뽑아야 한다
근심도 마찬가지다
몸과 영혼을 병들게 한다

'마음속에 근심 있는 사람
주 예수 앞에 다 아뢰어라
무엇이나 근심하지 말고 주 예수께 아뢰라'

슈룹

슈룹이라는 드라마가 있다
슈룹은 우산을 말하는 순 우리 말이다

이 드라마가 보여주려는 것이 있다
여인의 역할
여인의 힘
엄마는 누구냐는 것이다

한 여인이
집안을 난잡한 술집으로 만들 수 있다
한 아내가
가정을 투전판으로 만들 수 있고
한 엄마가
가문을 사망의 골짜기로 만들 수 있다

그런가 하면
한 여인이
가정을 부하게도 하고
브라가 골짜기로 만들 수 있다

슈룹이 돼라
우산이 되고
때로 양산이 되고 우비가 돼라

빙긋이 웃으신다

아들이 어렸을 때 나와 씨름을 많이 했다
누가 이겼을까?
아들이 이겼다

어떻게 아들이 이겼을까?
아빠가 져주었기 때문이다

왜 져주었을까?
사랑하기 때문이다

아들과 달리기도 했다
누가 이겼을까?
아들이 이겼다

어떻게 이겼을까?
내가 져주었기 때문이다

왜 져주었을까?
역시 사랑하기 때문이다

야곱과의 씨름에서

야곱에게 져주시면서
야곱에게 복을 주신 하나님은
우리에게도 복을 주시기 위하여
슬그머니 져주시고 빙긋이 웃으신다

예수님과 함께

지난 한 해 동안
기독교인들이 가장 많이 찾아본 성구는
"두려워하지 말라"라고 한다

우리는 지금까지
두려운 세상을 살았고
누구도 가보지 않은
불안한 세상을 또 살아가야 한다

이런 우리에게 하나님은
예수님을 보내셨다

예수님은 보혜사 성령으로
우리와 함께하신다.
우리를 진리 가운데로
인도하시며
모든 환난에서 지켜 주신다

이것을 믿고
두려워하지 말라
염려하지 말라
예수님과 함께
새해를 향하여 힘차게 나아가라

봄의 노래

갈까말까 하던 겨울이 가고
올까말까 하던 봄이 왔다

그러나
저울질하던 봄이 오기는 했지만
아직은 춥다
여전히 막혀있다

길가의 풀과
나무는 이미 봄 맞을 준비를 마치고
기지개를 켜고 있는데
우리만 잔뜩 움츠리고 있다

언제 봄의 침묵이 멈추고
문을 활짝 열고
봄의 노래를 마음껏 부를 수 있을까?

사랑이다
사랑 안에 두려움이 없고
온전한 사랑이 두려움을 내쫓는다

온전한 사랑이
갈까말까 하는 추위를 몰아내고
봄의 노래를 부르게 한다

불안하십니까?

새해가 되면
새해 첫날의 해돋이를 보기 위해서
해돋이 명소를 찾아간다

사실 새해에 떠오르는 태양이라고 해서
어제와 다른 태양이 아니다
같은 태양이다

그래도 혹한의 추위 속에서
새해에 떠오르는 태양을 보려는 이유는 무엇인가?

불안하기 때문이다
전혀 가보지 않은 새로운 길을 가야 하고
자신의 힘만으로는 안 되는 것을 잘 알기에
새해의 태양을 보고
소원을 빌기라도 해야만
불안하지 않고 안심이 되기 때문이다

그러니 해와 달과 별은
하나님이 만드신 피조물 중의 하나다
오직 하나님의 창조 섭리에 따라
온 땅에 빛을 비출 뿐이다

하나님께 빌라

두 번의 설날

설날이 두 번 있다
신정과 구정이다
신정이 첫 번째 설날이라면
구정은 두 번째 설날이다

설날은
새해 새날이 시작되는 날이다

그러기에 두 번의 새해 시작이 있다
양력 1월 1일과
음력 정월 초하루다

새해 시작이 두 번 있는 것은
우리에게 기회를 주시는 주님의 은혜다

신정부터 시작했다면 감사하라
그리고 끝까지 계속하라

그러나 아직도 시작하지 못했다면
이제부터라도 시작하라

설날은 갈릴리다
예수님과 함께 다시 시작하는 갈릴리다
제자들이 실패를 딛고 다시 시작했던
갈릴리다

여전히 살얼음판이다

살얼음판을 걷듯이
세월의 강을 건너 새해를 맞았다
그러나 나아진 것이 없다

여전히 마스크를 쓰고
마음 놓고 다닐 수도, 먹을 수도 없다

또 살얼음판이다
발밑에서 얼음 깨지는 소리가 나는 것 같다

사고가 나지 않을까?
아프지 않을까?
병들지 않을까?
언제 어디서 무슨 일이 일어날지 모른다

그렇다고 안 살 수 없다
가야 한다
어떻게 가야 하나?

아버지의 손을 잡고 가는 아이는
무섭지 않다
넘어질 수 있다
그러나 곧 일어난다

"주님여 이 손을 꼭 잡고 가소서"

🌱 냉이는 생명이다

나시라는 봄 채소가 있다
냉이다
겨울을 이겼다
봄의 사신이다

뿌리부터 씨까지 버릴 것이 없다
온통 영양소다
모두 약이다

그 진한 향기는
고난이 만든 축복의 향이다

그 좋은 영양소는
혹한을 견디며 만든 진주며
뛰어난 약효는
아픔은 그래 오래가지 않으며
죽지 않고 산다는 부활의 표징이다

냉이는 힘이다
소망이다
생명이다

한낱 냉이도 긴 겨울을 이기고
이처럼 강인한 힘을 보이는데

하늘의 생명을 가진 우리가 이기지 못할 게 무언가?

가야 할 곳이 있는 달팽이처럼

"길이 멀어도 가야 할 곳이 있는
달팽이는 걸음을 멈추지 않고
길이 막혀도 가야 할 곳이 있는
연어는 물결을 거슬러 오른다"는 시가 있다

살아있는 물고기는 아무리 작은 물고기라도
물결을 거슬러 올라간다
그러나 죽은 물고기는 아무리 큰 물고기라도
힘없이 떠내려간다

나는 상어처럼 살겠다는 사람이 있다
상어는 부레가 없기에 계속 헤엄을 해야만 산다
그렇게 계속 헤엄을 치며 나가겠다는 것이다

멈추지 말아야 한다
아무리 코로나가 우리의 발목을 잡고
악한 영들이 앞길을 막아서도
하나님이 약속하신 저 높은 곳을 향하여
가야 한다

감사하며
예배드리며
순종하며 가야 한다

꽃길을 걸으세요

고운 길이 있다
꽃길이다
가시덤불이 있어도 꽃이 있으면 꽃길이다

행복의 길이 있다
사랑의 길이다
돌짝밭을 걸어도 사랑이 있으면 사랑의 길이다

축복의 길이 있다
감사의 길이다
거센 비바람이 앞길을 막아도
감사가 있으면 감사의 길이다

생명의 길이 있다
주님의 길이다
눈보라가 치고 비바람이 불어도
주님과 함께하면
주님의 길이다

행복 중의 행복
축복 중의 축복
감사 중의 감사
꽃길 중의 꽃길이 주님의 길이다

등나무에 꽃이 피었습니다

올해도
등나무에 꽃이 피었습니다
작년보다 사랑스럽습니다
더 향기롭습니다
더 풍성합니다
더 탐스럽습니다

올해도
화단에 꽃을 심었습니다
작년보다 예쁩니다
더 곱습니다
더 화사합니다

그러나
우리 마음은 작년 같지 않습니다
더 어둡습니다
더 불안합니다
더 걱정스럽습니다

내년 등나무에
꽃이 다시 필 때는
우리 마음에 아름다운 꽃이 활짝 피겠지요?

풀어달라고 해라

병이 뭔가?
뭉친 것이다.
슬픔이 뭔가?
막힌 것이다
한이 뭔가?
맺힌 것이다

고난이 뭔가?
엉킨 것이다
죄가 뭔가?
묶인 것이다
죽음이 뭔가?
매인 것이다

풀어야 한다
풀려야 산다

그는 누군가?
풀어주시는 분이다
풀어주시기 위해서 오셨다

기도란 뭔가?
풀어달라는 것이다

그분께 풀어달라고 해라

싸움에서 이기라

사람은 태어나면서부터 계속 싸운다
열악한 환경과 싸우고
질병
역경
악한 생각, 나쁜 습관과 싸우며
여름이면 더위와 겨울이면 추위와 싸운다

지금도 싸운다
어떤 이는 아픔과
어떤 이는 슬픔과
걱정 염려 근심과 싸우고
이 순간도 악한 바이러스와 싸운다

인생만 싸움인가?
신앙생활도 싸움이다
악한 영들과 싸움이다

싸움은 이겨야 한다
이기기 위해서는 무기가 있어야 한다
좋은 무기가 있어야 한다

주님께서 우리에게 최첨단 무기를 주셨다
믿음과
기도라는 무기다
이 무기를 사용하라
주께서 허락하셨다

시련은 백신이다

시련은 기쁨이 아니다
전혀 아니다
그런데 시련이 닥쳤을 때 기뻐하라고 한다

요즘 어디 가나 백신 이야기다
백신은 예방주사다
우리 몸속에 균을 투입하는 것이다
물론 몸을 해칠 만큼 넣는 것은 아니다

몸이 이길 수 있을 만큼의 균을 넣어서
여러 차례의 실험을 거쳐
우리 몸에 더 강한 균이 침투해도
스스로 이길 힘이 생기게 하는 것이다

시련은 예방주사다
시련은 마치 영적인 백신과 같다

그러기에 예방주사를 맞고
질병을 이기고
건강을 유지하게 되는 것처럼
시험이 올 때
그 시련이 백신인 것을 알고 기뻐하라는 것이다

정월 대보름 달

세월이 참 빨리도 간다
세월은 쉬어가지 않는다
세월이 가는 길엔 정거장이 없다
잠도 없다
쉬지 않고 계속 달리기만 한다

누가 재촉하지 않아도
등을 떠밀지 않아도 성큼성큼 지나간다

1월이 성큼 지나
정월 대보름 달이 떴다

둥근 정월의 대보름달이
세상을 비춘다
보름달은 모나지 않는다
항상 고개를 끄덕인다
모두에게 환하게 웃는다
다 품어 안는다

정월의 대보름달 같은
푸근하고
넉넉한 축복이
모든 가정에 가득하기를 빈다

엄마 같은 딸

엄마가
잘 챙겨주셨다
입학식, 소풍, 생일
엄마는 최고였다

아내가
지성으로 챙겨주었다
지쳤을 때, 아플 때, 어디 갈 때
아내도 최고였다

딸이
쉬지 않고 챙겨주었다
먹는 약, 입을 옷, 쓸 물건
딸이 최고다

엄마도, 아내도 갔다
딸도 갔다

딸은 또 챙겨주러 갔다
자기 남편과 딸
이곳에서 아빠를 챙기는 동안에도 지구 반대편에 있는
그들을 계속 챙겼다

딸은 챙겨주기 위해 태어난 것 같은
하늘이 내린 엄마 같은 천사다

켜고, 꺼라

새해다
감사의 불은 밝히고, 불평의 불은 꺼라

새해에
믿음의 불은 켜고, 근심의 불은 꺼라

새해에
사랑의 불은 밝히고, 미움의 불은 꺼라

새해에
소망의 불은 켜고, 절망의 불은 꺼라

새해에
축복의 불은 밝히고, 저주의 불은 꺼라

새해에
칭찬의 불은 켜고, 비난의 불은 꺼라

새해에
위로의 불은 밝히고, 시기의 불은 꺼라

새해에
화평의 불은 활짝 켜고, 다툼의 불은 꺼라

새해다
찬송의 불은 환히 밝히고, 탄식의 불은 꺼라

흙이 생명이다

산이 살았다
밭이 살았다
나무가 살았다

죽은 것 같았다
영락없이
죽은 줄 알았다

그런데 살았다
싹이 나고
꽃이 피었다
놀랍다

흙에 생명이 있다
나무의 생명
꽃의 생명
만물의 생명이 있다

금에서 나무가 사는가?
은에서 꽃이 피는가?
보석에서 곡식이 자라는가?

분명 생명이 흙에 있다
더 놀라운 것은
흙의 생명이 하늘에 있다는 것이다

딸이 갔다

딸이
다시 미국으로 돌아갔다
한동안 즐거웠다

아이가 떠들고
함께 웃고
같이 먹고
사람 사는 것 같았다

딸이 간 방을 훑어보며
함께한 시간을 더듬다가
눈이 충혈되었다

그러다 문득
자녀를 잃은 분들이 떠올랐다
딸을 잃은 엄마
아들을 먼저 보낸 아빠

이들을 생각하니
딸이 갔다고
눈시울을 붉힌 자신이 너무 부끄러웠다

이번에는 그들을 위해
기도의 눈시울을 적셨다

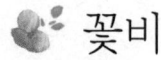 꽃비

해마다
이맘때면
어김없이 내린다

우산도 받지 않고
옷도 젖지 않는다
하나같이 반기며
서로 보고 웃는다

머리에 얹으면 꽃핀
옷에 앉으면 예쁜 무늬가 된다

풀 위에 앉아 이불이 되고
바닥에 앉아 장판이 되고
길에 앉아 꽃길이 된다

그러다 흙과 하나 되어
양분으로 살다가
다시 꽃비로 내린다

며칠이긴 하지만
그래도 잘살았다
즐거웠다
감사하다며 너울너울 춤을 춘다

여름

장미가 인사한다
올해도 함께해요

🌹 5월을 드립니다

오광수 님의
'5월을 드린다'는 시가 있습니다
5월의 장미를 드린다는 참 좋은 시입니다

장미의 사랑
장미의 우정
장미의 기쁨을 당신께 드린답니다

5월을 드립니다
따사로운 햇살
귀여운 바람
구김살 없는 5월의 창공을 드립니다

5월을 드립니다
신록의 희망
푸르디푸른 행복
물오른 수목 같은 5월의 싱그런 꿈을 드립니다

5월을 드립니다
하늘을 향한 청보리의 기도
종다리의 밝은 노래
클로버의 순수한 미소
어머니 품속 같은 5월의 축복을 당신께 드립니다

장미가 말을 건다

올해도
교회로 올라가는 층계 옆에 장미가 만발했다

장미가 말을 건다
나 좀 보고 가세요
사진 한장 찍어 주세요
예쁘다고 해주세요

장미가 인사한다
반갑습니다
올해도 또 보네요
천천히 조심해서 오르내리세요

장미가 축복한다
여호와 이레
여호와 닛시
여호와 샬롬

장미가 한 소리한다
불평하지 마세요
원망하지 마세요
말씀대로 사세요
장미의 얼굴만큼 얼굴이 붉어진다

유월의 축복을 받아라

넘을 유(逾), 건널 월(越)의
유월이다
유월은 '넘어가다'
'건너가다'
패스오버(passover)라는 뜻이다

무엇을 넘어가고
무엇이 건너간다는 말인가?

재앙이다
죽음이다
심판이다

넘어가기만 하는가?

오는 것이 있다
슬픔이 끝나고 기쁨이 온다
멸망이 지나가고 구원이 온다
재앙이 건너가고 축복이 온다
죽음이 넘어가고 생명이 온다

뜨거운 태양이 더욱 붉어지는 6월이다
어린 양 예수의 붉은 피로
유월(逾越)의 축복을 받아라

꽃밭이다

7월에는
아름다운 꽃이 많이 핀다

올해도 ○○이 피었습니다~♪
과꽃

아빠하고 나하고 만든 꽃밭에~♪
채송화 꽃, 봉숭아 꽃

○○○ 삼천리 화려 강산~♪
무궁화 꽃

이 외에도
나팔꽃, 백일홍, 접시꽃 등이
세상을 환하게 밝혀준다

이런 화사한 꽃들이
우리 가정에
가득하기를 소망한다

아빠는 축복의 꽃
엄마는 기도의 꽃
자녀는 사랑의 꽃

우리 집은 꽃밭이다
모두 꽃이다

모기의 외침

풀밭을 걷는데
뭔가 눈에 어른거렸다
모기였다

가볍게 손으로 쫓았다
그래도 계속 얼굴 주위를 맴돌았다
좀더 세게 쫓았다

그래도 계속 따라오면서 맴돌았다
고개를 이리저리 돌리며
몸을 흔드는데
왼쪽 뺨이 따끔했다

오른손을 들어
번개처럼 내리쳤지만
모기는 어느새 사라졌다

오른팔 안쪽의 느낌이 이상했다
빨간 점이 몇 군데 보이더니 이내 부어올랐다

얼른 종아리 부분을 살펴보니
다리에도 몇 군데 뻘겋게 부어올랐다

도망친 모기의 외침이 들린다
"너는 무엇에 목숨을 걸고 사느냐!"

강물은 흐른다

가끔 한강에 나간다
요즘은 바람이 무척 차고 강하다
주로 남서풍이 분다
남서풍이 불면 북동쪽을 향해 움직이는 물결을 만든다
그렇다고 해서 북동쪽으로 강물이 올라가는 것이 아니다
바람이 아무리 세게 불어도
강물은 청평이나 팔당 쪽으로 가지 않고
서해로 흘러간다

바람이 전혀 불지 않는 날도 있다
그런 날은 강물이 가만 있는 것 같다
그렇다고 강물이 흐르지 않는 것은 아니다
여전히 흘러간다

지난 한 해는 참 요란했다
제법 거센 바람이 불었다
강물이 넘쳐 많은 것을 휩쓸어 갔다
올해도 바람이 불 것이다
어쩌면 더 요란하게 불 수 있다
강물이 둑을 넘어 우리를 위협할 수 있다
그러나 아무리 강물이 요동을 치고 둑을 넘어도
요동치는 물결을 보고 흔들리지 말고
바람과 강물을 주관하시는
예수님을 바라보라

아픔은 고통이다

아픈 사람들이 많다
우리 주위에
아픈 사람이 점점 늘어간다

아픈 곳도 많아진다
팔, 다리 어깨, 허리, 고혈압에 당뇨까지
몸에, 마음에, 정신까지
아픈 데도 점점 많아진다

왜 아픈가?
아픈 이유에 함몰되지 마라
이유는 다 알지 못한다
그러나 답은 안다

아픔을 통하여
인간의 한계를 안다
살아온 날을 돌아보게 한다
전능자를 찾게 한다
기도를 간절하게 한다
영혼을 맑게 한다

하여
아픔은 꼭 고통만이 아니다
아픔은 고픔이다

기후 재앙

전 세계가 재앙으로 신음하고 있다

기후재난이다
서유럽 곳곳이
100년 만이라는 기록적인 폭우로 쑥대밭이 됐다
중국과 인도도 최악의 홍수로
수백 명이 죽거나 실종됐고
북미 서부와 시베리아 동북아 일대는
대형 산불과 살인적인 불볕더위에 시달리고 있다

과학자들은 이런 기상이변들은
대기가 뜨거워지는 기후변화와 관련이 있다며
앞으로 기후 재앙은 더 빈번해지고
강도도 더욱 거세질 것이라고 입을 모았다

땅과 하늘, 기상과 기후의 문제가 아니다
사람이 문제다
사람이 기상이변과 기후 재앙을 불러 왔다

이상하게 여기지 마라
사람이 새로워지지 않으면
이상한 일은 더 많아질 것이다

울지 마라

매미가 운다
오늘도 운다
아침부터 운다
큰 소리로 운다
온종일 운다

어딘가엔가 있을
고운 님 부르며 애달프게 운다
떠난
임 그리워 서럽게 운다
살 날이
얼마 남지 않은 것을 알고 처연하게 운다

참매미는 "맴맴맴매애앰"
쓰름매미는 "쓰르람~ 쓰르람"
늦털매미 "쓰~쓰쓰쓰 쓰~쓰쓰쓰"
말매미는 "트르르륵…츨르륵" 운다

매미야, 울지 마라
널 만드신 이가
네 눈물을 아신다
네 눈물을 닦아 주신다
네 울음을 웃음으로 바꿔 주신다

배 아파요

약을 먹고
주사를 맞고
입원까지 해도 안 낫는 병이 있다

사촌이 땅을 샀을 때
배 아픈 병이다

임마누엘 칸트가 이런 의미 있는 말을 했다
"가장 친한 친구의 불행 속에는
기분 나쁘지 않은 무언가가 있다"

친구에게 좋은 일이 생겼을 때
축하한다고 말은 하면서도
은근히 시기하고 질투하는 마음이 있다

이 병을 키우지 말아야 한다
고쳐야 한다
이 병으로 죽을 수도 있다

이 병을 고치려면
배가 아니라, 마음을 고쳐야 한다

마음을 바꾸어야 한다
죽기까지 사랑하신
주님의 마음을 품어야 한다

해석하기 나름이다

노래 경연 프로그램이 있다
싱어게인
현역가왕, 미스트롯 등이다

노래가 끝나면
심사평을 한다

칭찬을 많이 한다
그러나 항상 좋은 말만 하지는 않는다

노래는 잘 부르는데 자기 색깔이 없다
누구 흉내를 내려고 하지 말라
잘하려는 욕심에
힘이 너무 많이 들어갔다
퍼포먼스가 과하다 보니
노래가 죽었다는 평을 하기도 한다

이런 심사평을 들은 참가자는
낙심의 눈물을 흘린다

문제는 그다음이다
자신의 단점을 고치려고 피나게 연습해서
완벽한 기량을 보이는 참가자가 있다

상황을
어떻게 해석하느냐에 따라 열매가 달라진다

예배는 교회에서 드려야 하나?

멀리서 교회 오시는 분들이 많다
경기도 화성에서 오시는 분이 계신다
5번 차를 갈아타고 오신다
교회에 하나님이 계시는 것을 믿기 때문이다
교회는 주의 집이다

화성에도 교회가 많이 있다
그런데 권사님은
5번씩이나 차를 갈아타고 교회 오신다
교회는 영적인 고향이며
내 교회라는 의식이 있기 때문이다

이제 권사님도 전과 같지 않다
80을 훌쩍 넘겼으니 힘이 없을 것이다
웬만하면 집에서 말씀 보고 기도하며
예배를 대신할 것이다
그런데 꼭 교회에 오셔서 예배를 드린다

사도들은 어디를 가든지 열심히 복음을 전했다
그리고 거기에 교회를 세웠다
그리고 거기서 예배를 드렸다
예배는 교회에서 드리는 것이 성경적이다

나를 살리는 말씀

후배 목사님이 희귀암인
피부 T세포 림프종(피부암)과 싸웠다

그러나 이젠
다 나았다는 반가운 문자를 받았다

그는 그동안
하나님의 말씀을 수없이 묵상했다
그중에 하나는 이 말씀이다

"너는 마음을 다하여
여호와를 신뢰하고
네 명철을 의지하지 말라
너는 범사에 그를 인정하라
그리하면 네 길을 지도하시리라"(잠 3:5-6)

하나님은 세상의 모든 사람에게
구원의 말씀
치유의 말씀
축복의 말씀을 주셨다

그러나 내가 기억하고 믿는 말씀만이
내게 소망이 된다
내게 위로가 되고
나를 살린다

나는 진짜인가?

가끔 실내에 놓인 꽃을 볼 때
생화인지, 조화인지 구분이 안 될 때가 있다

얼마 전에 음식점에 가서도
창틀에 놓여있는 꽃이
생화인 것도 같고, 조화인 것도 같아
슬그머니 꽃잎에 손을 대본 일이 있다

세상에는 가짜가 많이 있다
가짜 꽃
가짜 뉴스
가짜 사진
가짜 사랑
가짜 남자, 가짜 여자까지 있다

가짜가 많은 나라는 망한다
그래도 우리나라가
이만큼 지탱하고 조금씩 발전하는 것은
곳곳에 진짜가 많기 때문이다

진짜 공무원
진짜 군인
진짜 간호사
진짜 선생님들이 많이 있기 때문이다

엄마처럼

밤새 아파 본 사람은 안다
밤을 지내기가 얼마나 힘든지!
지루하고 긴지를 안다

그러기에 볼멘소리를 한다
아니, 도와주시려면
초저녁에 도와주시지
밤새도록 끙끙 앓게 하시고
왜 새벽에 도우시겠다고 하시나?

이런 찬송이 있다
'새벽부터 우리 사랑함으로써
저녁까지 씨를 뿌려 봅시다'

이때의 새벽은
이른 아침을 말한다
동이 틀 때, 하루 첫 시간이다

그러므로 새벽에 도우시겠다는 것은
일찍 도우신다는 것이다

밤새 앓던 아이를
해가 뜨자마자 둘러업고 쏜살같이 뛰어가는
엄마처럼
그런 심정으로 도우신다는 것이다

잘 지내십니까?

어쩔 수 없는
기막힌 일들을 당한 분들이 있다
그래서 운다
가슴을 치기도 하며
잠 못 이루고 뛰쳐나가기도 하고
하늘을 향해 울부짖기도 한다

세상에는 우리 마음과
계획대로 안 되는 일들이 있다
중한 병에 걸리기도 하고
사업이 망하기도 하고
사랑하는 사람이 죽기도 하고
철석같이 믿었던 사람이 안면을 바꾸고
돌아서기도 한다

아픔의 터널은 긴듯하지만
영원하지는 않다
어둡고 악한 세상보다
주님의 자비가 더 크고
놀랍다는 것을 믿고
악한 세상이 아닌 주님께 소망을 두라

사랑이 세상을 바꾼다

가끔 손자들이 오면
잘 놀다가도 서로 싸운다
다툰다
그러면 엄마에게 달려가서 서로 불평한다

형은 형대로
동생의 처사에 대해서 불평하고
동생도 가만 있지 않고
형이 부당하게 했다고 식식거린다

이때 아이 엄마
며느리가 애들에게 하는 말이 있다

어허, 예수님 마음!
예수님 마음이 어디 갔지?
그게 예수님 마음일까?

그러면 아이들이 조용해진다
슬그머니 제자리로 가서 다시 잘 논다

불평은 예수님 마음이 아니다
사랑이 예수님 마음이다
예수님 마음이 세상을 바꾼다

여호와는 나의 목자시니

먼 길 가는
순례자가 꼭 쥐고 가는 글이 있다
전쟁터로 향하는 군인이
수없이 읊조리는 시가 있다
큰 수술을 앞둔 이가
품는 성구가 있다

사형장에 끌려가는
성도들이 되뇌던 말씀이다
유대인들이
가스실에 들어가며 불렀던 노래다
많은 작품의 소재가 되고
노래 주제가 된 고백이다

하늘의 도움을 구하는
신심이 있는 사람이
애송하며
붙들고 사는 말씀이다

"주는
나의 목자시니
내게 부족함이 없으리로다"

빗소리

요즘 나를 두렵게 하는 것이 있다
빗소리다

비는 다양한 이름을 가지고 있다
빗방울이 흩날리면 가랑비
땅을 적실 정도면 보슬비
굵은 빗줄기가 잠시 쏟아지면 소나기
세차게 계속 내리면 장대비라고 한다

그런데 이런 비의 이름을 들어봤나?
"폭포비"
이 비를 능가하는 또 다른 말이 나왔다
"극한호우"
이 정도면 자동차의 와이퍼가 무용지물이 된다

이런 비가 쏟아졌다
산이 무너져 내리고
댐이 넘치고
많은 사람이 죽었다

이러기에 내게는 빗소리가
단잠을 이루는 자장가가 아니라
잠을 쫓아내고
극한 공포를 몰고 오는 벼락소리다

고난의 유익

아침편지 문화재단의
고도원 이사장의 글이다

"나를 글을 쓰는 글쟁이로
만든 것은 고난의 경험이었다"

정호승 시인의 말이다.
"시는 슬플 때 쓰는 것이다.
슬프지 않을 때 시를 쓴 적이 없다"

존 번연은
고난의 감옥에서
천로역정을 출산했다

절망하지 마라
고난이 끝이 아니다
고난의 절벽에도 길이 있다
고난을 축복으로 바꾸라

고난의 뿌리에서
명시가 나오고
고난이 명곡을 만들고
불후의 명작을 쓰게 한다
고난이 유익이다

행복한 사람인가?

사람은 누구나 행복하기를 바란다
누가 행복한 사람인가?
돈 많은 사람인가?
권세 있는 사람인가?

아니다
건강한 사람이다
건강한 사람이 행복한 사람이다

겉 사람이 건강해야 한다
그러나 속 사람도 건강해야 한다
속 사람은 마음, 정신, 인격, 중심이다

속 사람이 건강하지 못하면
시련을 이기지 못한다
유혹을 이기지 못한다
불안장애, 우울증에 사로잡힌다

선을 행하려다가 다시 악을 행하고
옳은 길을 가다가도 다시 구부러지고
일어서려다 다시 넘어진다

속 사람이 건강한 사람이
미래를 여는 사람이다
미래를 여는 사람이 미래의 주인공이다

오늘 시작하라

몽골에
이런 속담이 있다고 한다
'집을 나간 개가 뼈다귀를 물어 온다'

무슨 말인가?
시도하지 않으면
아무것도 이룰 수 없다는 말이다

아무것도
하지 않는데
저절로 되는 것은 없다
하나 있기는 하다
세월이 가는 것
나이를 먹는 것이다

산을
움직이려는 사람은
작은 돌을 들어내는 일로 시작한다

시작하라
씨를 뿌려야 싹이 나고
심어야 열매를 거두고
땅을 파야 물을 얻고
기도해야 네가 있는 곳에 꽃이 핀다

🌹 하늘이 무너지지 않는 것은

정현종 시인의 글이다

"흔들리는 풀잎이 내게 시 한 구절을 준다
하늘이 안 무너지는 건 우리들 때문이에요
풀잎들은 그 푸른빛을 다해,
흔들림을 다해 광채 나는 목소리를 뿜어 올린다…"

하늘이 무너지지 않는 것은
영웅과 호걸들의 힘 때문이 아니라
작고 여린 풀잎들이
저마다 있는 곳곳에서
그 푸른빛을 다하고
흔들림을 다하기 때문이라는 것이다

그렇다
하늘이 안 무너지는 것은
하찮은 풀잎 같은 사람들이
저마다 있는 위치에서
묵묵히 제 할 일을 하고 있기 때문이다

가정이
사회가
나라가 무너지지 않는 것도
이들의 충성 때문이다

깊이 생각하라

행복과 불행을 구분 짓는 것이 있다
감사다
감사하면 행복하다

그런데 감사를 말할 때마다
슬그머니 찾아오는 의문이 있다
감사할 일이 없는 것이다

몸은 아프고
되는 일은 없고
자녀들은 속을 썩이고
앞이 보이지 않는다

생각해야 한다
생각이 모자라는 사람이 있고
생각이 없는 사람이 있다
생각이 없는 사람은 감사할 줄 모른다

원망할 수밖에 없는 상황에서도
깊이 생각하면 감사할 수 있다
기름을 짜듯이 생각하고
생각하고, 또 생각하면 감사가 나온다
감사는 깊이 생각하는 사람에게 주어지는 보물이다

종소리

예전에 학교에서는 종을 쳤다
수업을 시작할 때 세 번
수업이 끝날 때 두 번
전교생이 운동장에 모일 때 다섯 번

교회에서도 종을 쳤다.
예배 시작 30분 전에 초종
예배 시작 5분 전에 재종
그리고 예배를 시작할 때 또 종을 쳤다

지금은 어디서도 종을 치지 않는다
종소리에 놀란다나?
소음이라나?

학교종이 땡땡땡 어서 모이자
사이 좋게 모여서 공부 잘하자

종소리는
사이좋게 모여서 공부하는 소리다
종소리는
어서 집으로 돌아가라는 소리다
종소리는
우리 자녀 잘되게 해달라는 기도 소리다
상한 마음을 위로하는 하늘의 소리다

편안과 평안

과학 기술 문명의 발전으로
몸이 무척 편안해졌다
그러나 평안하지는 않다
몸은 편안해졌지만
걱정과 근심, 질병과 재난은 더욱 많아졌다

누구나 행복하기를 원한다
행복은 편안보다, 평안에서 온다
평안해야 행복하다
행복의 기초는 평안이다

평안하라
평안하지 않으면 머리 좋은 것도
성적이 좋은 것도
돈도, 권세도, 화려한 경력이나
재주나 기술도 소용이 없다

평안은 돈 주고 사거나
싸워서 얻는 것이 아니다
하늘의 선물이다
선과 의를 행하는 사람에게 내리는
하늘의 상이다

선동에 속지 말라

괴벨스라는 사람이 있다
나치 정권의 선전부장이었다
그는 이런 말을 했다

"거짓말은 처음엔 부정되고
후에는 의심을 받는다
하지만 되풀이하면 결국 모두 믿게 된다"

이런 확신을 가지고 선동했고
사람들은 모두 속아 넘어갔다

앗수르 왕 산헤립이 보낸
랍사게가 진짜 같은 거짓말을 했다

유다의 히스기야 왕은 백성들에게
랍사게의
거짓 선동에 속지 말라고 당부하고는
성전으로 올라갔다

기도했다
마침내 하늘의 군대가 동원되고
하나님의 천사들이 움직였다

선동에 속지 말라
기도가
선동을 이긴다

좋은 날이 올 것이다

지난 주간은
무척 긴장되는 주간이었다
반갑지 않은 불청객 때문이다

수도권과 중부지방에
집중된 물 폭탄으로
산이 무너져 내리고
애써 지은 농작물이 쓸려 가고
가옥과 차량이 침수되는 등
엄청난 재산 및 인명 피해가 났다

빠른 복구와
회복을 빌며 하나님의 위로가 임하기를 간구한다

이제 불볕더위와 폭우와 씨름하며
지내오던 무더운 여름도
어느새 가을의
문턱을 들어선다는 입추를 지나고
더위도 끝난다는 말복이 지났다

머지않아 폭염과 폭우의 아픔을 잊고
풍성한 수확을 안겨주는 좋은 계절이 올 것이다

소망을 가지고 남은 여름도
강건하게 보내기를
기원한다

저들이 수호천사다

새벽기도회가 끝난 후
계속 기도하는 이들이 있다

두 손을 모으고
몸을 앞뒤로
어떤 이는 좌우로 흔들며
또 다른 이는 머리를 파묻고 기도한다

무슨 기도가 저리 길까?
무슨 소원이 저리 간절한가?
무슨 죄가 그리 많은가?

자신만을 기도가 아니다
나라를 위한 기도다
자신만의 소원이 아니다
이웃을 위한 소원이다
자신들의 죄가 아니다
우리 죄를 위한 기도다

눈물이 난다

저들이 100만 대군이다
저들이 최첨단 무기다
저들이 수호천사다

지지율(支持率)

지지율(支持率)이라는 말이 있다
정당 지지율
후보 지지율
대통령 지지율

지지율에 따라
되기도 하고, 안 되기도 하고
웃기도 하고, 울기도 한다

이스라엘의 초대 왕은 사울 왕이다
집권 초기의 지지율은
하늘을 찔렀다
모든 연령대에서 높은 지지를 받았다

얼마 후 지지율이 떨어졌다
계속 떨어졌다
결국, 바닥을 쳤다

이유가 무엇인가?
경제성장?
전투승리?
적극적인 홍보에 있지 않았다

순종이다
순종이 지지율을 갈랐다
순종하라

존중에는 보상이 있다

믿는다는 것은 무엇인가?
존중하는 것이다
사랑한다는 것은 무엇인가?
역시 존중하는 것이다

어떤 사람이 존중을 받는가?
존중하는 사람이다

우리 삶의 가치관과
인생관으로 삼을 만한 말씀은 어떤 말씀인가?
존중하라는 말씀이다

우리 가정의 가훈으로 삼을 말씀은 무엇인가?
존중이다

자녀를 위해 무슨 기도를 해야 할까?
"존중할 줄 아는 자녀가 되게 하옵소서"
나 자신을 위해 어떤 기도를 해야 할까?
"존중하는 마음을 부어 주옵소서"

상을 받기 위해서 존중하는 것은 아니다
그러나 존중하면 상이 있다
반드시 보상이 있다

푸틴은 하나님을 믿는가?

러시아의 대통령 푸틴이
자국의 국민과 군인을 향한 연설에서
성경 말씀을 인용했다

"사람이 친구를 위하여 자기 목숨을 버리면
이보다 더 큰 사랑이 없나니"(요15:13)

우크라이나에서 싸우고 있는
러시아군의 전우애를 독려하면서
예수님의 사랑에 대한 말씀을 인용했다

살벌한 전쟁터에서
목숨을 건 전우애가 있어야 한다

하지만 지금의 상황에서 필요한 사랑은
전쟁 중단을 선언하고
러시아 군인들을 철수시키는 것이
예수님의 사랑이다

이런 실제적인 행동 없이 성경 말씀만 언급하는 것은
자신의 필요에 따라
성경을 인용하기만 하는 견강부회(牽强附會)요
하나님의 뜻과는 아무 상관이 없는
가식의 죄를 더할 뿐이다

인간은 이렇다

러시아가 우크라이나를 침공했다
1994년 체결된 부다페스트 양해각서와
2014년에 맺은 민스크 정전 협정을 깨뜨렸다

1938년 뮌헨협정을 맺었다
그러나 1년 후 독일이 폴란드를 침공함으로
뮌헨협정은 물거품이 되었다

1939년 영국과 독일이 평화협정이 맺었다
얼마 후 이 협정도 휴짓조각이 되고
영국군 40만이 덩케르크에 갇혀 전멸 위기에 놓였었다

1939년 소련과 독일이 불가침조약을 맺었다
이 조약도 1년 10개월 만에 휴짓조각이 되고
히틀러의 300만 대군이 소련의 국경을 넘었다

불가침조약을 맺고 평화협정을 해도
자국의 이익에 따라 얼마든지 파기한다는
생생한 교훈이다

하나님과 맺은 언약은 어떤가?
하나님은 언약을 깨뜨리지 않는다
항상 우리가 깨뜨린다
인간은 이렇다

리더를 원한다

모세는 리더였다
보스는 자기 능력을 의지하지만
리더는 하나님을 의지한다

여호수아는 리더였다
보스는 자기 힘을 과시하지만
리더는 자신의 연약함을 고백하고
하나님의 도우심을 구한다

갈렙은 리더였다
보스는 군림하며 명령하지만
리더는 솔선수범하며 앞장선다

사울은 보스였다
보스는 목표를 위해 수단과 방법을 가리지 않지만
리더는 구성원의 생명과 행복을 최우선 가치로 여긴다

헤롯은 보스였다
보스가 다스리는 조직에는 공포와 긴장이 흐르지만
리더의 조직에는 기쁨과 자유, 감사가 넘친다

보스도 죽고 리더도 죽는다
죽음과 동시에 화려한 권세는 사라진다
그러나 선한 행실은 영원히 남는다
우리는 리더를 원한다

윤형주

윤형주와 자리를 함께했다
이야기하며
차를 함께 마셨다
47년생 같아 보이지 않았다
말이 따뜻하다
표정이 부드럽다
오래 알았던 형처럼 포근하다

그는 가수다
노래 잘하는 대형 가수다
그러나 노래만 잘하는 가수가 아니다

우는 사람과 함께하는 위로자다
집 없는 이들의 안식처다
방황하는 이들의 이정표다
무너진 가정을 세우는 건축가다
다음 세대에 꿈을 심는 꿈쟁이다
영혼을 살리는 명품가수다

꼭 노래해야 하고
더 살아야 하는
하늘이 보낸 천상의 나팔이다

아버지 때문에

형제가 있었다
아버지는 심각한 알코올 중독자였다
어머니는 그런 아버지를 향해 욕을 퍼부었다
형제는 이런 열악한 환경에서 자랐다

20년 후 형제의 인생은 완전히 갈렸다
형은 의과 대학의 교수가 되어
금주운동을 전개했다
동생은 아버지보다 더 심한 알코올 중독자가 되었다

형제는 자신들이 그렇게 된 것에 대해서 같은 말을 했다
"우리 아버지 때문에…"

형은 알코올 중독자인 아버지를 보면서
아버지처럼 되지 않겠다고
마음을 먹었다
술에 중독된 사람들을 치유하는 사람이 되겠다고
마음을 먹고 공부에 집중했다

그러나 동생은 달랐다
되는 대로 살겠다고 마음을 먹었다
결국, 아버지의 굴레를 벗어나지 못하고
가계에 흐르는 저주를 그대로 이어받았다

확률로 사나?

호감으로 사는 사람과
확신으로 사는 사람이 있다
호감으로 사는 사람은
평생 저울질만 한다
그러나 확신으로 사는 사람은
흔들림 없이 나간다

의심으로 사는 사람과
확신으로 사는 사람이 있다
의심으로 사는 사람은
얻는 게 없다
그러나 확신으로 사는 사람은
불도 얻고 물도 얻는다

확률로 사는 사람과
확신으로 사는 사람이 있다
믿음은 확신으로 사는 것이다
구원은 확률로 결정하는 것이 아니다
예수를 구주로 믿는 확신으로 결정한다

확률로 살지 마라
예수님이 함께하신다는 확신으로 살라

내 편, 네 편

세상은 편을 가른다
청군과 백군
좌측과 우측
끊임없이 편을 가른다

내 편은 눈을 감고
네 편은 들춰낸다
내 편은 응원하고
네 편은 짓밟는다

내 편은 축복하고
네 편은 정죄한다

세상은 네 편이 아닌
내 편을 요구한다
이것도 중요하다
그러나 그보다 중요한 것은 하나님의 편이다

내 편이리 해도
하나님의 편이 아니면 돌아서야 한다
반대로
네 편이라도

하나님의 편이라면 함께해야 한다

신향영원(信香永遠)

사람의 수명이
130년 이상으로 늘어날 수 있다는 분석이 나왔다

영국 더타임스는
캐나다 몬트리올 대학교 경영대학
레오 벨자일 조교수 연구팀의 분석 결과를 인용하면서
인간의 수명이
130살 이상으로 늘어날 수 있다고 보도했다

인간의 사망과 수명 전문가인
에일린 크리민스 서던 캘리포니아 대학교 교수도
2100년 이전에 누군가 130세가 되었다고 해도
놀라지 않을 것이라고 말했다

이런 말이 있다
난향백리(蘭香百里), 난의 향기는 백리
묵향천리(墨香千里), 묵의 향기는 천리
덕향만리(德香萬里), 덕의 향기는 만리를 간다

여기에 하나를 더 붙인다
신향영원(信香永遠), 믿음의 향기는 영원하다
하늘 보좌까지 닿는다

오래 살라
그러나 믿음의 향기를 머금고 살라

못 본 체하지 말라

고등학교 다닐 때
서대문에서 혜화동까지 버스를 탔다

콩나물시루 같은 버스에
앉을 자리가 하나 나면
자리에 앉은 학생은 서 있는 학생들의 책가방을 받아서
무릎 위에 수북이 받아 들었다

그때는 그렇게 하는 것이 자연스러웠다

자리에 앉은 학생은
당연히 서 있는 사람의 가방을 받아들었고
서 있는 사람도
아무 의심 없이 내릴 때까지 가방을 맡겼다

이제는 세상이 달라져서
서 있는 사람의 가방을 들어 주겠다는 사람이 없다
혹, 들어 준다고 해도
매우 수상한 사람 취급을 당할 것이디

그래도 성경의 근본정신은
형제가 힘든 것을
못 본 체하지 말라고 한다

학교 가기 싫은 날이 있다

왠지 학교 가기 싫었다
초등학교 2학년 때로 기억한다
배가 아프다고 했다
배를 움켜잡고 울었다

그런데 입이라도 맞춘 듯
아무도 학교 가지 말라고 하지 않았다
심지어 늘 내 편이셨던 할머니조차
얼굴이 싸늘했다

할 수 없이 학교에 갔다
지각한 것은 물론 벌까지 섰다
그 후 학교에 안 간다고 한 적이 없다

학교 가기 싫은 날이 있는 것처럼
밥 먹기 싫은 날도
기도하기 싫은 날도 있다

차디찬 바위 위에 엎드려
기도하시는 예수님을 보라

기도할 말이 생각나고
가슴이 뜨거워지고
눈물이 나고
주님의 따뜻한 손길을 느낄 것이다

이 나이 되도록

아이들은 말도 하기 전부터
하지 말아야 할 것을 들으며 자란다
"그거 만지지 마, 그런 것 먹지 마"
이런 말을 하루에도 수없이 듣는다

커서도 마찬가지다
"아무에게나 문을 열어주지 마라"
"모르는 사람은 따라가지 마라"
"늦게 다니지 마라"

이런 말을 계속하는 것은
아이들의 즐거움을 빼앗고
억압하고 속박하기 위해서가 아니다
아이를 보호하기 위해서다
지키기 위해서다
안전과 건강과 평안을 위해서다

그런데도 하지 말라는 것을 계속하면 어떻게 되나?
무슨 큰일이 금방 일어나거나
당장 잘못되는 것은 아니다
그러나 가랑비에 옷이 젖듯이 어긋나게 된다
결국은 불행해진다

하나님도 우리에게 하지 말 것을 많이 말씀하신다
이 나이 되도록

누구나 이럴 수 있다

한동안 식사 시간만 되면
이런 말을 수없이 하던 때가 있었다
"먹어야 산다"

처음에는 "이 밥 좀 먹으라"고 했다
밥 한 숟가락이라도 먹게 하려고 애를 썼다

며칠을 지난 다음에는 "이 죽 좀 먹으라"고 했다
그러다 한 숟가락이라도 넘기면
애들에게 전화해서
오늘은 죽을 한 숟가락 먹었다며 기뻐했다

또 며칠이 지난 다음에는 "이 물 좀 마시라"
물 한 모금이라도 마시게 하려고 애를 썼다

밥 한 숟가락
물 한 모금을 먹게 하려고 애쓰는 사람도 딱하지만
죽 한 숟가락
물 한 모금을 넘기지 못하는 그 심정은 어떻겠는가?

이럴 수 있다
누구나 다 이럴 수 있다

죽 한 숟가락, 물 한 모금이라도
먹을 수 있다면
이에 감사하자

행복은 선택이다

갈까?
말까?
가보자!
모두 반긴다
즐겁다
유익하다
가길 잘했다

인생은 우연이 아닌 선택이다
선택의 연속이다
선택할 수 있는 것이 있고
선택할 수 없는 것이 있다
몸은 선택할 수 없다
그러나 생각은 선택할 수 있다

선택에 따라 하루가 달라진다
삶이 바뀐다

감사히기로 생각하라
기뻐하기로 선택하라
행복도
불행도 선택이다

가을

풍성한 계절
갑절이나 향기로워라

🌸 9월이다

9월은 갑절의 계절이다
하늘도 갑절이나 높아지고
바람도 갑절이나 선선해지고
사과도 갑절이나 빨개진다

갑절을 얻으려면
9월의 하늘을 봐야 한다

하늘을 보면
포도는
갑절이나 감미로운
향을 머금고
알밤은
갑절이나 단단해지고
감은
갑절이나 단맛을 배고
대추는
갑절이나 아름다운 색깔로 농익고
들판은
하루가 다르게 황금빛으로 물들어 간다

갑절의 계절이다
갑절의 축복을 받아라

9월의 하늘

나무들이 말한다
잘 살라고
욕심부리지 말고
싸우지 말고
우리처럼 사이좋게 잘 살라고 손 흔든다

산들이 말한다
자리를 지키라고
믿음의 자리
예배의 자리
성도의 자리를 굳게 지키라고 속삭인다

9월 하늘이 말한다
나처럼 넓히라고
생각의 폭
나눔의 폭
축복의 폭을 크게 넓히라고 명한다

가을 들녘이 엄숙히 말한다
때가 있다고
거둘 때
셈할 때
손을 놓을 때가 있다고 단언한다

여름이 다 갔네

사람들의
옷 색깔이 무거워졌다
여름이 갔네

어느새
나뭇잎이 듬성듬성해졌다
어, 여름이 갔네

제법 낙엽이 뒹군다
바람이 서늘하다
어, 여름이 다 갔네

머리가 성성한
길가의 할머니들이 허공을 보고 한마디 한다
여름이 다 갔네

어려운 시절이 다 갔다는 안도감인가?
호시절이 다 갔다는 안타까움인가?
싱싱함이 다 사라졌다는 아쉬움인가?

안도감보다는
아쉬움이 진하게 풍긴다

한번 간 청춘은 언제 다시 오겠는가?
그러나
계절은 다시 오겠지

아름다운 사람

똑같지 않다
같은 산에 있는 나무지만
어떤 나무는 벌써 잎이 다 졌고
뒤에 나무는 온통 물이 들었고
옆에 나무의 잎은 아직도 싱싱하다

모습은 다른데 한목소리를 낸다
머리끝까지 온통 물든 나무도
잎이 져서 하늘이 뻥 뚫린 나무도
잎이 쌩쌩한 나무도
"감사합니다"라고 한다

곱게 물든 나무는
사람들이 예쁘다고 하니 감사하고
하늘이 훤히 보이는 나무는
계절을 알게 하니 감사하고
잎이 쌩쌩한 나무는 아직도 젊음을 자랑하니
감사하다고 한다

가을 나무가 아름다운 것은
어떤 나무든지
감사하다기에 아름답다

사람도 마찬가지다

추석 명절

추석에는 음식을 준비한다.
이번 추석 음식은
하나님의 말씀이 되기를 바란다

추석에는 선물을 한다
이번 추석 선물은
가족 구원이 되기를 바란다

추석에는 부모를 찾아 만난다
이번 추석에는
하나님 아버지를 찾아 만나기를 바란다

추석에는 즐거운 놀이를 한다
이번 추석에는
즐겁게 찬송하고 예배드리기를 바란다

이렇게 사는 한
하나님은
우리를 떠나지도
우리를 버리지도
않을 것이며
대를 이어
아름답게 쓰실 것이다

딱 좋은 계절

시월은
놀러가기 좋은 계절
휴일이 많아
볕이 좋아
여행 가기 좋은 계절
나들이하기 좋은 계절
볼거리가 많아
즐기기에 좋은 계절
변하는 게 하도 많아
사색하기 좋은 계절

그러나 좋은 계절의 의미를
달리해야 한다

시월은
사랑을
베풀기에 좋은 계절
거둔 것을
나누기에 좋은 계절
주신 은혜에
감사하기 좋은 계절
사랑과 나눔과 감사하기에
딱 좋은 계절이다

가을의 기도

10월이다
가을이 깊어 간다

가을은
기도가 나오는 계절이다
가을처럼이라는 기도다

가을의 곡식처럼 충실하게 하시고
가을의 나무처럼 아름답게 하시고
가을의 하늘처럼 청명하게 하시고
가을의 바람처럼 상큼하게 하시고
가을을 낙엽처럼 물들게 하시고
가을의 꽃처럼 청초하게 하시고
가을의 들녘처럼 풍성하게 하시고
가을의 철새처럼 열심 있게 하시고
가을의 개미처럼 준비하게 하시고
가을의 농부처럼 감사하게 하시고
가을의 계절처럼 나누게 하소서

가을이다
믿음 없는 소리 하지 말고
가을의 기도를 올리라

🌸 가을에는 책을 읽게 하소서

저만치 있었던 가을이 어느새 성큼 다가왔다
이제 제법 가을 냄새가 난다
김현승 시인은 이런 감동적인 시를 썼다
"가을에는 기도하게 하소서"

또 이렇게 이어갔다
"가을에는 사랑하게 하소서"

어느 신학대학의 교수님이 이런 글을 썼다
"가을에는 시를 읽게 하소서"
평범한 사건 속에서
신적인 의미를 찾아내는 시를 읽으며
멋있게 가을을 맞았으면 좋겠다는 소망을 담았다

가을에는
기도하고, 사랑하고, 시도 읽어야 한다
그리고 책도 읽어야 한다
성경책이다

성경은 거룩하게 하는 능력이다
구원으로 인도하는 지혜다
우리 삶을
가을 하늘처럼 청명하게
가을 곡식처럼 풍성하게 하는 신비다

🌸 천상의 정원

내 고향
충북 옥천에 천상의 정원이 있다

천상의 정원에서
들었다
풀과 나무의 소곤거림을

천상의 정원에서
보았다
호수와 꽃의 웃음을

천상의 정원에서
배웠다
흙과 바위의 침묵을

천상의 정원에서
알았네
길이 없는 곳에서
길을 만드는 사람이 희망인 것을

천상의 정원에서
빌었다
믿는 자마다
천상의 행복을 누릴 것을

낙엽에서 낙법을

푸르름을 자랑하던 나뭇잎들이
스스로 버리고
조용히 주저앉는다

자동차 위에도
풀밭에도
사람 머리에도

자동차에 흠이 갈까?
풀이 상할까?
사람이 다칠까?
힘을 빼고
공중회전을 하고는 살포시 내려앉는다

기막힌 낙법이다
까마득한 나무 끝에서 수없이 공중제비를 돌며
떨어지는데도
몸이 부서지지 않는다
아무도 비명을 지르지 않는다

낙엽에서
인생의 낙법을 배운다

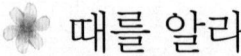 때를 알라

나무들이 옷을 벗었다
나목이 되었다
나목이 된 것이 전혀 이상하지 않다
나무가 때를 알기 때문이다

나뭇잎이 길 위에 누웠다
나뭇잎이 길 위에 뒹구는 것을
아무도 별일이라 생각하지 않는다
나뭇잎이 때를 알려주기 때문이다

철새들이 날아간다
화살촉 모양으로 떼를 지어 날아간다
이상한 징조라고 수군거리지 않는다
때가 되었기 때문이다

이맘때쯤이면
나목이 되지 않는 나무가 이상하고
떨어지지 않으려는 나뭇잎이 이상하고
날아가지 않은 철새가 이상하다

나목이 된 나무도
뒹구는 낙엽도
철새도 저마다 때를 안다
때를 알라

주의 영광을 내게 보이소서

답답하다
불안하다
문제가 더 꼬인다
일이 풀리지 않는다

앞이 캄캄하다
주의 영광이 가렸다
아무것도 보이지 않는다

모세가 기도한다
주의 영광을 보여주세요
주의 얼굴을 보여달라고 기도한다
주의 모습을 보게 해달라는 것이다

두려움에 떨고 있는 백성들에게
용서에 대한 확신과
주의 사랑이 다시 회복된 것을 확인하기 위해
주의 영광을 보여 달라고 간청했다

하나님은 그의 얼굴을 보면 죽을까 염려하여
얼굴 대신 등을 보이셨다
하나님의 영광을 사모하라
주의 영광이 회복이요, 치유요, 부흥이다

🌸 같이 춤춰요

세계적인 성악가 조수미가
힘들 때마다 쓴다는 희망의 노래가 있다

"폭풍이 올 때
지나가기만을 기다리는 게 아니라
비 맞으며 춤추는 걸 배우는 게
인생이래요
인생은 도전하고 선택하는 거잖아요
우리도 다 같이 춤추기를 선택하고
행복하기를 선택하자고요
오케이, 같이 춤춰요"

아픔이 썰물처럼 빠져나간다
기뻐할 사이도 없이
또 다른 고통이
험악한 파도를 만들어 더 무섭게 밀려온다

노래 부를 겨를이 없다
그렇다고 늘 징징거리며 살아야 하나?

아니다
그래도 폭풍 속의 갈매기처럼
춤을 추며
희망의 노래를 부르며 살아가야 한다

엄마 사랑

뭔지 몰랐다
나중에 알았다
얼음주머니라고

그것을 수술 받은 무릎 위에
언제나 대고 있어야 한다는 것을
처음에는 몰랐다
말해 주는 이가 없었다
그냥 얹어놓고 갔다

몸을 움직일 때마다
얼음주머니가 떨어졌다
뭔지 모르니 그대로 두었다

하루가 지난 후
어느 분이 얼음주머니가 떨어지지 않도록
끈을 구해다가 엄마처럼 묶어 주었다

그리고 엄마처럼 말해 주었나
얼음주머니가 떨어지지 않도록 하라고
그리고 얼음이 다 녹으면 말하라고

이건 의무가 아니다
사랑이다
세상은 의무가 아닌 사랑으로 유지된다

행복하십니까?

1920년생인 김형석 교수님이
이런 글을 썼다

사람들은 내가 나이가 많다는 것을 알고
"많이 피곤하고 힘드시지요?"라고 묻는다
나는 "그렇다"고 대답한다
그런데 누군가 "그래도 행복하세요?"라고 물으면
"예, 행복합니다"라고 대답한다

왜 행복하다고 하는가?

그의 설명은 이렇다

"내가 나를 위해 행복한 것은 아니다
아직도 내가 누군가를 사랑하고
누군가에게 도움을 주며
행복을 나누어 줄 수 있기에 행복하다"

그는 이 말을 강조한다
"주는 사람이 받는 사람보다 행복한 것입니다
많은 사람에게 사랑을 받는 것보다
많은 사람에게 사랑을 베푸는 것이
이것이 행복한 것이고
이것이 인생이 아니겠습니까?"

그땐 정말 몰랐다

어깨가 있다
느껴진다
어깨가 있는 것이 느껴진다
허리가 있다
무릎도 있다
있는 것이 느껴진다

전에는 느끼지 못했다
전엔 없었는가?
있었다
그러나 그런 것이
있다는 것을 모르고 살았다

뭐가 좋은 건가?
있다는 것을 느끼는 것이 좋은 건가?
느끼지 못하는 것이 좋은 건가?

말해도 모른다
설명해도 모른다
나도 그랬다
전엔 정말 몰랐다
나이 먹어 봐야
안다

말이 존재다

예쁜 사람이 되려면
고운 말을 하라
존경받기 바라면
유순한 말을 하라

축복의 사람이 되려면
위로의 말을 하라
칭찬 듣기 원하면
사랑의 말을 하라

지혜로운 사람이 되려면
때에 맞는 말을 하라
사랑받기 원하면
슬기로운 말을 하라

향기론 사람이 되려면
침묵으로 말하라
천국에 살려면
참말을 하라

말이
삶이며 존재다

한마디의 말

말은 생명이다
인격이다
힘이다
미래다
운명을 바꾼다

말이
독이 되기도 하고 양약이 되기도 한다
병이 들게도 하고 병에서 낫게도 한다
악마를 만들기도 하고 천사를 만들기도 한다

한마디의 말에
돌이 춤을 춘다
메마른 땅에 꽃이 핀다
죽은 나뭇가지에 새싹이 돋는다

내가 하는 말로
상처를 치유하고
가정을 살리고
공동체를 건강하게 세워가는

아름다운 언어의 약사
연금술사가 돼라

흙수저 최고 부자

카카오 창업자 김범수 의장이
이재용 삼성전자 부회장을 제치고
한국 최고 부자가 됐다고 블룸버그통신이 보도했다

그는 돈만 많은 부자가 아니다
얼마 전에 자발적 기부 운동인
'더기빙플레지'에 참여해
재산의 절반 이상을 기부하기로 서약했다

그는 받는 만큼만 되돌려 주는
매처(Matcher)가 아니다
주는 것보다 더 많은 이익을 얻으려는
테이커(Taker)는 더욱 아니다
자신의 이익보다는 남의 이익을 먼저 생각하는
기버(Giver)다

그는 어떻게 하면
다른 사람을 복되게 할까!
어떻게 하면 잘 살게 할까를 생각했다

그러다 보니
그가 행복하게 되었다
기버(Giver)가 되었다
흙수저 출신 한국 최고의 부자가 되었다

❄ 어머니는 수술을 원하지 않는다

어느 드라마의 한 장면이다
어머니에게서 뇌종양이 발견되었다

의사는 전이가 되고, 종양의 크기가 커서
수술의 성공을 보장할 수 없고
그대로 두면 6개월 정도 살 것이라고 했다

여동생이 오빠에게 밖에서 얘기 좀 하자고 한다
여동생이 입을 열었다
오빠 어떻게 할 거야?

오빠가 머뭇거리며 말한다
어머니 연세도 높으시고
수술해도 산다는 보장도 없으니
그냥 집으로 가자고 한다

갑자기 여동생의 눈이 커지며
돈 때문에 그러냐고 언성을 높인다
오빠는 돈도 돈이지만
어머니가 수술을 원하지 않을 거라고 단정한다

기둥 뒤에서 이런 이야기를 들은 어머니는
손으로 입을 막고 울음을 참는다

그 어머니는
정말 수술을 원하지 않았을까?
어떻게 되었을까?
정말 드라마에만 있는 이야기일까?

공원에 가라

화가 날 때 공원에 가라
내 말을 들어주는 나무
내 편을 드는 꽃
편안한 의자가 반긴다

우울할 때 공원에 가라
참새들의 인사
까치의 춤
비둘기의 노래 공연이 시작된다

외롭고 쓸쓸할 때 공원에 가라
고향의 흙냄새
싱그런 풀냄새
포근한 엄마 냄새가 나를 감싼다

지치고 힘이 들 때 공원에 가라
나비 자매
개미 형제
벌 친구가 쉴 새 없이 응원한다

걱정과 근심이 있을 때 공원에 가라
따뜻한 햇살
시원한 바람
탁 트인 하늘이 다가온다

🌸 사람만 옷을 입는다

옷을 입은 호랑이
옷을 입은 나무
옷을 입은 새를 봤는가?
사람만 옷을 입는다

처음부터
이랬던 것은 아니다
처음에는 사람도 옷을 안 입었다

옷을 안 입어도
어색하지도
창피하지도
부끄럽지도 않았다

그런 어느 날
죄로 말미암아 수치를 알게 되었고
그 후 옷을 입지 않고는
어디도 갈 수 없고
누구도 만날 수 없다

주의 나라도 그렇다
옷을 입어야 한다
주의 옷을 입어야 주를 만난다

먹어야 먹인다

먹어야 산다
먹어야 슬픔을 이기고
먹어야 병이 낫고
먹어야 일하고
먹어야 돌본다

먹어야
내 것이 된다
바라보기만 해서는 안 된다
먹어야 힘이 되고
피가 되고
살이 된다

잘 먹어야 한다
무엇을, 어떻게 먹느냐에 따라서
건강 상태가 달라진다
심지어 인간성도
풍기는 냄새도 달라진다

말씀을
먹어야
생명을 먹는다

🌸 산촌 처녀와 어촌 총각

산촌 처녀와 어촌 총각이 결혼했다
남편이 국수를 말아 먹고 싶다고 했다
아내는 정성껏 국수를 삶아서 국물에 말아 왔다

남편이 국수를 한 입 먹더니 상을 찡그렸다
아니 이게 무슨 맛이야?
무슨 국수를 간장에 말아 왔어?

아내가 우리 산골에서는
다 그렇게 먹는다고 했다

남편이 무슨 소리를 하는 거야?
국수는 멸치를 넣고
푹 우려서 그 국물에 말아 먹는 거야

간장 국물이다 멸치 국물이다
서로 고집을 부리며 싸웠다

둘은 동네 이장을 찾아갔다
이장은 심각한 표정으로 이렇게 말했다
국수는 콩국에 말아 먹는 거야!

고집을 부리지 마라
고집을 부리면 싸운다
이장을 찾아가도 소용이 없다
존중하라

기분이 째진다

아이들에게 선물을 준다
선물을 받은 손주들은
감사하다고 인사를 한다

그런데
선물을 준 내게는 눈길을 주지 않고
관심이 온통 선물에만 가 있다

애들 아빠와 엄마가
보기가 민망했는지 야단을 친다

다시 감사 인사를 드리라고 하면 감사하다고
힐긋 한번 쳐다보고는
다시 선물에 정신이 팔려 있다

이것이 누구의 모습인가?
이때 만약 아이들이 내게 달려와서
감사하다고 덥석 품에 안기면
흔히 하는 말로
기분이 째질 것이다

하나님도 그렇다
우리에게 주신 무엇 때문이 아니라
하나님 자신에게 감사하기를 원하신다
이것이 진짜 감사다

갈대 피리

갈대는 속이 비었다
그러기에 약하고
부러지길 잘하고
흔들리길 잘한다

그런데
그 갈대를 잘라
입김을 불면
갈대 피리가 된다

노래가 나온다
찬양이 된다
위로의 노래가 되고
축복의 노래가 되기도 한다

갈대같이 흔들리고
부서지기 쉬운 우리 인생에
하나님의 능력이 부어지면

흔들리다
부러져 썩고 마는
갈대 인생이 아니라
아름다운 소리를 내는
갈대 피리가 된다

🌸 행복이 뭔가?

부부가 나란히 앉아
열심히 찬송하며
함께 예배를 드리는 모습에서
행복을 본다

아버지와 아들
엄마와 딸이
같이 말씀을 듣는 흐뭇한 표정에서
행복을 본다

비록 혼자이기는 하지만
머리를 조아리고
저 왔어요!
아시지요?
정성스럽게 두 손을 마주 잡은
어머니들에게서
행복을 본다

환한 미소를 지으며
밝은 표정으로
힘차게 교회 문을 나서는
주의 자녀들에게서
행복을 본다

행복은 모두 주 안에 있다

웃었다 울었다가

인생은 바다 물결과 같다
고요한 바다 같을 때가 있고
흉흉한 바다 같을 때도
죽음의 바다 같을 때도 있다

아침에 멀쩡했다가
저녁에 아프기도 하고
어제는 외출복을
오늘은 환자복을 입을 수 있고
얼마 전까지도 웃었는데
지금은 슬퍼할 수 있다

고난과 질병은
기도의 능력을 확인할 기회다
고난은 기도를 배우는 시간이고
질병은 기도의 능력을 체험하는 기회다

기도는 삶이다
기도는 믿음이다
기도는 행동이다
기도는 순종이다

주께서 일으키신다
하늘이 비를 주고 땅이 열매를 맺는다

🌸 죽었으나 살아 있다

서울아산병원의 주석중 교수(61)
한국의 명의
환자밖에 모르는 의사
주님이라고까지 불렸다

그가 하늘의 부름을 받았다
힘든 수술을 끝내고 집에서 잠시 쉬다가
다시 출근하려고 자전거를 타고 가다가
병원 근처에서 우회전하던 트럭에 치였다

그의 아들이 유품을 정리하다가
아버지가 사용하던 만년필로 직접 쓴
기도문을 발견했다

"환자의 치유를 위해 무엇을 할 수 있을까요?
아무것도 없습니다
그것은 모두 하나님의 손에 달려 있습니다"

그는 죽었다
그러나 그의 환자 사랑과
하나님의 손을 구하는 기도는
살아 있다
죽었으나 그는 살아 있다

이씨와 해씨

당대 최고의 권력가인 박종경 대감이
자기 집 사랑방에 들러 문객들에게
숭례문을 드나드는 사람이
하루에 몇 명이나 되느냐고 물었다

임상옥이라는 상인이 이렇게 말했다
두 사람입니다
한 사람은 '이' 가고
또한 사람은 '해' 가입니다

'이'가는 대감을 이롭게 하는 사람이고
'해'가는 대감에게 해를 끼칠 사람입니다

세상에 많은 사람이 있다
그러나 어떤 면에서는 두 사람이다
사람들을 이롭게 하는 '이'씨와
사람들에게 해를 끼치는 '해'씨다

나는 누군가?
사람들을 이롭게 하는 이씨인가?
아니면 해씨인가?

이롭게 살라
복되게 하라
신은 복되게 사는 사람에게 복을 주신다

새롭게 하소서

사람은 누구나
건강하고
범사에 잘 되기를 바란다

그러나 성경은
건강이나
형통보다
영혼이 잘되기를 말씀한다

왜 그런가?
사람은
영으로 새로워지기 때문이다

우리의
기질과
성격은 물론
입술 및
손과 발
몸이 모두 영의 지배를 받아야 한다

그래야 선한 삶을 산다
유익하고 복된 삶을 살게 된다
이러기에
먼저 영이 잘돼야 한다

트로트 열풍

트로트 열풍이 분다
한동안 뽕짝이라 불리며 천대를 받다가
다시 주목을 받고 있다

노래는 묘한 힘을 가지고 있다
눈물을 쏟게도 하고
기쁘게 웃게도 하고
먼 옛 추억에 잠기게도 하고
까맣게 잊었던 일들이 생각나게도 하고
보고픈 이들을 보게도 하고
어린 시절, 그리운 고향으로 데려가기도 한다

내가 주의 깊게 듣는 것은 심사평이다
힘을 빼고 이야기를 하듯 해야 한다
유명 가수를 흉내 내려고 하지 마라
자기 노래를 해라
노래에 마음을 실어야 한다고 한다

한마디로 노래에 사랑을 싣고
마음을 얹고
영혼(소울)을 담아
노래가 간증이 되게 해야 한다는 것이다

찬양도 이렇게 해야 한다

외로움

외롭다
돈 없어 외로운 것이 아니다
돈이 많아도 외롭다
곁에 누가 없으면 외롭다
누가 없어 외로운 것이 아니다
곁에 누가 있어도 외롭다
대화가 없으면 외롭다

외롭다
말이 없어 외로운 것이 아니다
말을 해도 외롭다
일이 없으면 외롭다
일이 없어 외로운 것이 아니다
일이 있어도 외롭다
기쁨이 없으면 외롭다

인간은
외롭지 않기 위해
발버둥을 치는 외로운 존재다

잘 외로워야 한다
치열하게 외롭자
그래야 덜 외롭다

튀르키예를 위해 빈다

형제국가라는 나라
한국전쟁이 발발하자
아시아에서는 가장 먼저
유엔 참전국 중에서 네 번째로 많은 군대를 파견한 나라

한국의 경제성장을
자기 일처럼 기뻐하고 자부심을 느끼는 나라
2002 월드컵 튀르키예전이 있던 날
한국인에게는 식사비와 호텔비를 안 받던 나라

이런 형제 나라에 엄청난 재앙이 닥쳤다
원자폭탄 수십 개의
위력과 맞먹는 규모의 강진이
튀르키예와 시리아 접경 지역을 강타했다

세계보건 기구는 이번 지진을
유럽에서 발생한 최악의 자연재해라고 했고
영국 BBC방송은
지구 종말에나 일어날 아마겟돈 전쟁 같다고 했다

하늘의 하나님, 저들을 긍휼히 여기시고
일어서게 하시옵고
저들을 위하여
사랑의 손을 크고 넓게 펴게 하옵소서

고집이 있어야 한다

어느 음식점 사장이 이런 말을 했다

"고집이 있어야 합니다
고집이 있어야 전통이 됩니다"

고집스럽게 좋은 재료를 쓰고
손님상에 올린 반찬은 다시 내놓지 않고
고집스럽게 친절했더니
오늘의 명성을 얻을 수 있었다는 것이다

고집에는
선한 고집과 악한 고집이 있다

믿음의 사람들은
선한 고집의 사람들이다

주일을 지키려는 고집
예배를 꼭 드리려는 고집
십일조를 온전히 드리려는 고집
전도하려는 고집
교회를 섬기려는 고집이다

악한 고집은 지옥을 부른다
그러나 선한 고집은 천국을 만든다

애야, 보고 싶다

정지용의 '유리창'이라는 시가 있다
자식을 잃은 아버지의 고통을
애절하게 표현하고 있다

자식을 잃은 아버지는
한밤중 흐린 유리창에 어른거리는
죽은 아들의 모습을 보고는
좀 더 또렷하게 보려고 입김을 불어 유리를 닦는다

그러나 아들의 모습은 간데없고,
창밖에는 새까만 어둠만이 펼쳐질 뿐이다

스며드는 아픔에
아버지의 눈에는 이슬이 맺히고
죽은 아들인 듯 보석 같은 별이 비친다

아버지는 잠깐이나마
아들을 다시 볼 수 있을까 기대하며
다시 입김을 분다

그러나 아들의 모습을 보려는 기대는
힘없이 불어낸 입김처럼
허망하게 어둠 속으로 사라지고
아버지는 끝내 슬픔을 이기지 못하고
아, 산새처럼 날아갔다며 비통한 심정을 토한다

❀ 재미와 의미

미국의 대통령이었던 클린턴이
힐러리와 함께 주유소에 들렀다
그런데 주유소에서 일하고 있는 남자가
힐러리의 동창이었다

이를 본 클린턴이 한마디 했다
"당신이 저 사람과 결혼했다면
주유소 직원의 아내가 되어 있겠지?"

그러자 힐러리가 이렇게 대답했다
"저 사람이 나하고 결혼했다면
저 사람이 대통령이 되었겠지요"

재미있는 이야기다.
그러나 재미만 있는 게 아니다
의미도 있다

누구와 사느냐에 따라
삶의 질과
운명이 달라진다

운명을 바꾸고 싶은가?
팔자를 고칠 수 있는 분과 함께하라
틀림없이 팔자를 고친다

교회도 이래야 한다

공연이 끝난 다음
유명 가수와 악수했다
손이 부드럽고 따뜻했다
같이 사진도 찍었다
정다웠다

기획사 대표 아들을 둔
집사님의 배려로
공연을 관람했다

깜짝 놀랐다
끝없이 이어지는 입장행렬
밀려오는 뜨거운 열기
웃고, 울고
부르고, 지르고, 흔들고

한눈파는 사람도
나가는 사람도
조는 사람도 없다

더욱 놀란 것은
다 끝났는데도
일어설 줄 모른다
무엇에 취했는지 돌아갈 줄을 모른다
교회도 이래야 한다

죽을 뻔했다

살아오면서
죽을 뻔한 일이 있을 것이다

나도 있다

아랫마을에 사는 아이들과 싸움을 하다가
유리병에 머리를 찍혀 죽을 뻔한 일
냇가를 혼자 건너다가
움푹 파인 웅덩이에 빠져 죽을 뻔한 일
까치발을 하고 우물 안을 들여다보다가
거꾸로 쏴서 박혀 죽을 뻔한 일
연탄가스 중독으로 죽을 뻔한 일
당황한 병사가 오발한 총에 맞아 죽을 뻔한 일
트럭을 얻어 타고 가다
앞바퀴가 빠지는 바람에 죽을 뻔한 일이 있다

지금도 그때 일을 생각하면
아찔하다

그때 죽을 수도 있었다
그런데 왜 안 죽었나?

살면서
삶으로 답해야 한다

젤렌스키와 아슈라프 가니

푸틴 러시아 대통령은
러시아 전차부대가 나타나면
우크라이나 군인들은 무기를 버리고 투항할 것이고
코미디언 출신 대통령은 줄행랑을 칠 것이라고 했다

그러나 젤렌스키는 도망치지 않았다
강인하고도
치밀한 모습으로 전쟁을 진두지휘하고 있다

우크라이나의 젤렌스키 대통령을 말할 때마다
언급하는 인물이 있다

아슈라프 가니 전(前) 아프가니스탄 대통령이다
그는 이슬람 무장세력인 탈레반으로부터
수도 카불을 지키겠다고 호언장담했다

그러나 탈레반이 카불로 진격하기도 전에
돈 가방을 챙겨 달아나버렸다
이로 인해서 카불은 탈레반의 손에 들어가고
아프가니스탄은 엄청난 살육과 혼란에 빠지고 말았다

지도자가 중요하다
누가 지도자의 자리에 있느냐에 따라
나라의 평안과
국민의 행복과 불행이 좌우된다

❁ 지난 시절은 돌아오지 않아도

지난 시절은 돌아오지 않아도
지난 계절은 돌아오고
시든 청춘은 다시 피지 않아도
시든 꽃은 다시 피고
빈자리는 채워지지 않아도
빈 술잔은 채워지고 〈주병권의 봄〉

그렇다
지난 시절도
시든 청춘도 다시 오지 않는다
물론 먼저 간 이도 다시 오지 않는다
그러나 예수님의 무덤은 비었고
예수님은 다시 오셨다

베드로는 나는 아니라며 자신을 숨겼지만
예수님은 내가 그라며 자신을 드러내셨고
제자들은 조반(먹고 사는 것) 때문에
예수를 버렸지만
다시 오신 예수님은 조반을 차려 놓으시고
제자들을 불렀다

"와서 조반을 먹으라"

운명이라 하지 말라

'동이'라는 TV 드라마가 있다
주요 등장인물은 희빈 장씨와 숙빈 최씨다

희빈 장씨의 본명은 옥정이다
궁녀로 들어가 숙종의 승은을 입어 중전까지 올랐지만
온갖 사악한 일을 벌이다가
경종의 모후임에도 불구하고 사약을 받았다

동이로 불리는 숙빈 최씨는 천인의 자식으로 태어나
장악원 무수리를 거쳐 감찰궁녀가 되고
영조의 어머니가 되는 입지적인 인물이다

희빈 장씨가 사약을 받게 되는 즈음
세상을 탓하며
"이게 다 내 운명이라"라고 했다

이 말을 받은 숙빈이 이렇게 말한다
"그것은 운명이 아닙니다
선택입니다"

운명이라고 하지 말라
운명이 아니라
선택을 잘못했기 때문이라는 것이다

우연도, 그리고 운명도
선택이 만든다

아빠 찬스

아빠 찬스란
아빠+찬스(Chance)의 신조어로
어떤 자녀가 아버지의 부와 권력을 기회 삼아
이득을 누리는 것을 말한다

아빠 찬스로 공평과 정의가
무너지는 것을 보면 불신이 쌓인다
사회 지도부에 대한 신뢰가 붕괴하고
잘못된 보상심리를 초래해서 양심이 무너지고
부패가 정당화되어
죄의식 없이 아빠 찬스를 반복하는 악순환이 일어난다

엘리에게 두 아들이 있었다
아빠는 당시 최고 지도자였다
아빠 찬스로 그들도 최고가 되었다

순전히 아빠 찬스로 최고가 되다 보니
그들에겐 존중심이나 배려나 사랑이 없었다

하나님을 무시하고
사람을 멸시하며
자기 배를 챙기는 일에만 열심이었다
결국, 아빠도 아들들도 얼마 가지 못했다

이쁜 사람

"여러분 한번 태어난 세상
죽기 살기로 이쁘게 살아야 합니더"
11일 벡스코 공연장에서 나훈아가 한 말이다

이쁜 사람은 누군가?
얼굴이 고운 사람인가?
체형이 아름다운 사람인가?
옷을 잘 입은 사람인가?

이쁜 사람은 예쁜 짓을 하는 사람이다
이쁜 말을 하고
이쁜 생각을 하고
이쁜 마음을 먹고
이쁜 행동을 하는 사람이다

예쁜 말은 기도의 말이다
예쁜 생각은 섬기려는 생각이다
예쁜 마음은 축복하는 마음이다
예쁜 일은 예배하는 일이다

이쁜 사람이 돼라
하나님도
이쁜 사람을 예뻐하신다

최고의 군사

ROTC 15기 기독장교들이 모였다
예배드리고
기도하고
축복한다

이젠 70이다
나이 많다
세월이 많이 흘렀다
그러나 마음은 푸르다
꿈이 청청하다
군인 정신이 시퍼렇다

ROTC의 명예를 지킨다
애국애족
국가안보
자유통일을 간절히 소망한다

무엇보다
우린
예수를 최고로 여긴다

최고의 예수를
대장으로 섬기는
최고의 기독 군사들이다

겨울

은혜로다
이 모든 것이 다 은혜로다

가오리 연 이야기

가오리 연이 높이 날았다
모든 것이 다 연 아래 있었다
더 높이 마음대로 날고 싶었다

그런데 그럴 수 없었다
줄에 매였기 때문이다

연의 마음을 알았는지
바람이 속삭였다
더 높게 날고 싶지?

연은 줄 때문에
신나게 날 수 없다고 했다

바람이 다시 속삭였다
내가 그 줄을 끊어줄까?
연은 고개를 끄덕였다
바람이 날카로운 이를 드러내서 줄을 끊었다

그 순간 연은 중심을 잃고
땅바닥에 그대로 내리 꽂히고 말았다

우리도 마찬가지다
떨어지고 싶지만 붙어 있어야 한다
믿음의 줄을 잡고 있을 때
가장 잘 날 수 있다

가만히 들으면 들린다

눈을 감으면
아련하게 들린다
엿장수의 '짤가닥'
한여름의 '아이스께끼'
긴 겨울밤의 '찹쌀떡'
모두 시간 속에 묻힌 추억의 소리다

귀를 기울이면 들린다
땡~땡 교회의 종소리
음~메 엄마 찾는 송아지 울음소리
휠릴리릴리 ~ 풀피리 소리
지금은 들을 수 없는 고향의 소리다

가슴에 손을 대면 들린다
그런 말 하지 마라
마음을 넓히라
사랑하라
이해하라
나를 깨우는 지혜의 소리다

옛집 국수

가보고 싶은 식당이 있다
값이 싸다고 한다
맛이 있다고 한다
양이 푸짐하다고 한다

이 집에 가고 싶은 것은
실컷 먹기 위해서가 아니다
경관이 뛰어나서가 아니다
대통령이 다녀가서가 아니다

이 집에 가보고 싶은 것은
주인을 닮기 위해서다
주인은 기도한다고 한다
이 국수가 어려운 사람들의
피가 되고 살이 되어 건강하게 하소서

주인은 많이 베푼다고 한다
국수만 먹고 냅다 도망치는 사람에게
"뛰지 마, 다쳐, 그냥 걸어가, 배고프면 담에 또 와"
이랬다지 않는가?

이 집에 가면
국수도
사랑도 희망도 배불리 먹을 것 같다

조급해하지 말라

강해지려고 하지 않았다
강해졌다
부해지려고 하지 않았다
부해졌다
높아지려고 하지 않았다
높아졌다

강해지려고 하지 않았는데
강해졌고
높아지려고 하지 않았는데
높아졌다

기다리라
조급해하지 말라
세워주실 때까지
기도하며 기다리라
맡은 일에 충성하며 기다리라

강해지려고 발버둥 치지 않아도
강해지게 하시고
무엇이 되려고 기를 쓰지 않아도
주께서 높이시고 세워주신다

🍀 외할머니가 오셨다

지금 우리는 기쁨을 잊은 시대를 살고 있다
모두 화가 나 있는 것 같고
걱정과 근심이 가득한 사람들처럼 보인다

어릴 때 아주 기쁠 때가 종종 있었다
외할머니가 오셨을 때다
외할머니가 가져오신 것보다도
외할머니가 오신 것 자체가 좋았다

외할머니가 오신 것이 기쁜 이유가 뭔가?
그것은 그때 외할머니가
내겐 가장
귀한 분이었기 때문이다

오늘 왜 기쁨을 잊었는가?
가장 귀한 것이
아닌 것에서 기쁨을 찾기 때문이다

제자들이 기뻐했다
기뻐할 수 없는 상황이었다
생명의 위협을 받고 쫓기는 상황이었다
그러나 좁은 길을 걸으면서도 기뻐했다
주의 영이 함께하심을 믿었기 때문이다

외할머니가 오신 것도 기쁜데
하나님이 오셨는데 어찌 기쁘지 아니한가?

환대하라

누구나
박대가 아닌, 환대받기를 원한다
예수님은 우리를 환대하셨다

외모가 아닌
딱한 형편을 보고 환대하셨다

부모는 자녀를
스승은 제자를
의사는 환자를
목사는 교인을
주인은 나그네를
토박이는 이방인을 환대하라

소유나 대립자가 아닌
가장 중요한 손님으로 환대하라
때가 되면 나름의 길을 찾아
바람처럼 떠날 방문객들이다

환대하는 마음이
주님의 마음이다
환대하는 곳이 하나님 나라다

한철 피었다 지는 꽃들도

이런 시가 있다

'꽃들은 서로 화내지 않겠지!
향기로 말하니까
꽃들은 서로 싸우지 않겠지!
예쁘게 말하니까
꽃들은 서로 미워하지 않겠지!
사랑만 하니까'

꽃을 보고도
못 보는 사람이 있다고 한다

한철 피었다 지는 꽃들도
저렇게 다정하게
저렇게 사이좋게
저렇게 의좋게 사는데

우리도 저 꽃들처럼
다같이 웃으며
함께 격려하며
서로 아끼며 기쁘게 살자
그렇게 하자

대진표 바꾸기

이런 글이 있다

다윗과 골리앗 장군이 싸우면
누가 보아도 다윗이 진다
그러나 하나님과 골리앗이 싸우면
누가 보아도 골리앗이 진다

모세와 애굽의 바로 왕이 싸우면
누가 보아도 모세가 진다
그러나 하나님과 애굽의 바로 왕이 싸우면
누가 보아도 바로 왕이 진다

삶의 대진표를 바꾸라는 글이다
내 이름을 빼고
하나님의 이름으로 바꾸라는 것이다

나와 세상이 아닌, 하나님과 세상
나와 슬픔이 아닌, 하나님과 슬픔
나와 질병이 아닌, 하나님과 질병
나와 고통이 아닌, 하나님과 고통

대진표를 바꾸면
두려움이 사라지고
넉넉한 여유와 사랑으로
반드시 승리한다는 것이다

나사렛 정신

우리는 기도한다.
교회가 나라의 소망이 되고
이 시대의 빛이 되게 해달라고 기도한다

그러나 기도와 더불어 반드시 해야 할 일이 있다
이것은
예수님처럼 나사렛으로 가야 한다
나사렛 사람들과 함께해야 한다
나사렛 정신을 가져야 한다

상처받고 우는 사람을 위로하는
나사렛 정신
오랜 질병으로 슬퍼하는 이들을 감싸 안는
나사렛 정신
없는 사람들에게 내 것을 베풀고 나누는
나사렛 정신이 있어야 한다

나사렛 정신은
그루터기에서 싹이 돋는 생명 정신이다
밑동이 다 잘려나가도 다시 자라는 복음 정신이다
소외된 자와 함께하는 사랑의 정신이다
만백성을 구원하는 예수 정신이다

나사렛 정신이 복음적인 삶이며
교회를 가장 힘 있게 하는 능력이다

별일이 없어야 할 텐데

어릴 때는
작년에 봤던 사람을
오늘도 보고
재작년에 만났던 분을
오늘도 만났다
해가 바뀌고, 또 해가 가도
늘 쌩쌩했다

그런데 요즘은
지난해에 만났던 사람이
보이지 않는다
지난달에 봤던 분도
안 보이기 십상이다

넘어졌단다
누웠단다
갔단다
더 이상의 별일 없어야 할 텐데
아무래도 별일은 더 많아질 것 같다

주님은 별일을 없애주신다
그러나 없애기보다
대부분 또 다른 은혜가 되게 하신다

화영아~

많은 사람이
목사님이라고 부른다
자녀들은 아버지라고 부르고
손주들은 할아버지라고 부르고
어떤 이는 사장님이라고도 부른다

부르라는 이름이 있다
이화영(李華榮)이다

그런데
이름을 불러주던 이들이
하나둘 줄어든다
많지 않다

화영아~ 놀자
정답게 부르던 고향 친구

화영아~ 같이 가자!
힘차게 불러주던 학교 친구

이화영~ 잘 지내지?
친밀하게 불러주던 군대 친구

화영아~ 그만 자라
사랑스럽게 부르던 어른들의
화영아~ 소리가 그립다

이 나이에

이 나이에
누가
나를
어루만질까?

이 나이에
누가
나를
안아 줄까?

이 나이에
누가
나를
업어줄까?

이 나이에
누가
나를
품어줄까?

노년에 이르기까지
백발이 될 때까지
그가 없고
그가 품으리라 하신다

🍀 살아가는 시간과 살아내는 시간

두 가지 시간이 있다
살아가는 시간과 살아내는 시간이다

살아가는 시간은
아침이 오면 저녁이 되고
봄이 가면 여름이 오는 시간이다

살아내는 시간은
고통의 시간이다
무엇 하나 마음먹은 대로 되지 않고
밤이 오는 것도, 아침이 되는 것도 무서운 시간이다
형편은 나아질 기미가 보이지 않고
도움을 청할 데도 없는
앞이 캄캄한 절망적인 시간이다

어떻게 해야 하나?
그래도 살아내야 한다
무엇으로 살아내나?
믿음이다

믿음으로 살아내야 한다
내가 사랑하는 사람과
나를 사랑하는 사람이 있다는 믿음이다

길에 대한 회한

12월이다
12월이 되면 누구나
지나온 길에 대한 회한이 있다

왜 그때 그 길을 안 갔을까?
그때 그 길을 갔더라면
얼마나 좋았을까 하는 탄식이 있다

그런가 하면
왜 그때 그 길을 갔을까?
그때 그 길을 안 갔더라면
얼마나 좋았을까 하는 통곡도 있다

회한이 슬픈 것은
희망을 현실에 희생했기 때문이다

그러나 가야 한다
회한의 눈물에 잠길 수 없다
되돌아갈 수는 더욱 없다
너무 멀리 왔다

앞으로 가야 한다
희망을 품고 계속 가다 보면
길이 또 나온다
이번엔 기쁨의 탄성일 게다

아니 벌써

'벌써'라는 말이 있다
시간이나 기간 따위가
저도 모르게 어느새 지나갔다는 뜻이다

시작인가 싶더니
벌써 한 해의 반을 훌쩍 넘겼다
매미가 우는가 싶더니, 벌써 귀뚜라미가 울고
초등학생인가 싶더니, 벌써 청년이 되고
청년인가 싶더니, 벌써 노년이 되었다

'아니 벌써'라는 노래가 유행한 적이 있다
"아니 벌써 해가 솟았나
창문 밖이 환하게 밝았네…"

명랑한 노래로 들린다
그런데 어두운 사연이 있다고 한다
자살하려고 했는데
벌써 날이 밝았더라는 것이다

지난날을 후회하고
아파하는 벌써가 있는가 하면
지난날을 기뻐하고 감사하는 벌써가 있다

부끄러운 벌써가 아닌
감사와 축복의 어느새를 만들어가자

12월의 소리

12월은 보내는 달이다
묵은해를 보내고 새해를 맞는 달이다
잊어야 할 것을 잊고
잊지 말아야 할 것을 단단히 새기는 달이다

올해도
은혜를 베푼 이들이 있다

내게 힘이 되고
위로를 주고
도움을 주고
기쁨이 된 분들이 있다

은혜를 잊지 마라
은혜를 잊어버리는 순간부터
눈이 흐려진다
귀가 어두워진다
믿음을 잃는다
복의 자리에서 멀어진다

12월에
들리는 하늘의 소리가 있다

은혜를 잊지 마라
배은망덕하지 말라

끝까지 간다

끝이 있다
하루의 끝, 삶의 끝
불행의 끝, 고생의 끝
아픔의 끝, 눈물의 끝
더위의 끝, 칼바람의 끝
그리움의 끝, 기다림의 끝
오르막길에도, 내리막길에도
분명 끝이 있다

끝을 아는 사람과 끝을 모르는 사람이 있다
끝을 알고 사는 사람은
힘들지만 견딘다
마음을 졸이지 않는다
포기하지 않는다
최상의 선택을 할 수 있다
고생이 더 이상 문제가 아니다
오늘을 힘 있게 살아낸다
끝까지 간다

믿음의 사람은
끝을 아는 이들이다

나 때문에 네가

이런 글이 있다

"우리는 이렇게 기쁘게 살아야 한다
눈빛이 마주치면
푸른 불빛이 되고
손을 맞잡으면
따뜻한 손난로가 되고
두 팔을 힘주어 껴안으면
뜨겁게 감동하는…
우리는 기쁘게 살아야 한다…"(이동진의 삶)

이렇게 살자
미소 띤 눈으로 바라보자
축복의 손을 내밀자
칭찬의 말을 하자
감동의 두 팔을 벌리자
감사의 머리를 숙이자

나 때문에 네가
너 때문에 우리가
기쁨의 삶을 살도록
함께 두 손을 모으자

🍀 유명한 사람 좋은 사람

"나 하늘로 돌아가리라"
천상병 시인의 귀천(歸天)이라는 시구다

돌아간다는 것은 죽는다는 것이다
죽음에는 여러 가지 죽음이 있다

부끄러운 죽음이 있다
억울한 죽음이 있다
불쌍한 죽음이 있다
영광스러운 죽음이 있다

(故) 장영희 교수는
『살아온 기적 살아갈 기적』이라는 책에서 이렇게 썼다

"삶을 다하고 죽었을 때
그가 죽었다고 뉴스에서 크게 보도하는
유명한 사람보다는

그가 죽었을 때
그의 죽음을
진정으로 슬퍼하는 사람이 있다면
그는 영광스러운 죽음을 맞은
좋은 사람"이라고 했다

유명한 사람보다
좋은 사람이 되라는 것이다

🍀 세월을 이길 장사가 있나?

〈테스 형〉에 이어 가황 나훈아가 멋진 신곡을 발표했다
〈맞짱〉이라는 노래다

"세월을 어길 장사 어디 있겠소
어느 누가 세월을 막을 수 있겠소…
아 사랑은 어제부터 시작인데
아 청춘도 아직은 시퍼런데
아아아 세월아 맞짱 한번 뜨고 싶다
아아 웃프다 인생아"

세월에 끌려 살기 싫은 마음으로
무심한 세월과 맞짱 한번 붙어보자고
어깃장을 부리는
인생의 허무함을 담은 노래다

세월에게 맞짱 한번 떠보자고
큰소리를 쳐보지만
그건 그저 인간의 몸부림일 뿐
이제까지 세월을 이긴 장사가 없고
앞으로 없을 것이다

세월은 이기는 것이 아니다
사는 것이다
감사함으로 사는 것이다

어제와 오늘과 내일

은혜로 살았다
힘주시고
붙들어 주시고
인도해 주시고
함께해 주시는 은혜로 살았다

하나님은 은혜의 하나님이시다
하나님의 손은 온갖 은혜로 가득 차 있다
이 모든 은혜를 우리에게 다 주시기를 원하신다

은혜가
은혜로 임하기 위해서는
은혜를 받아들여야 한다
거절하고 외면하면
은혜는 내게서 떠난다

어제
내게 베푸신 은혜를 잊지 않고
오늘
그 은혜에 감사할 때
내일
약속된 은혜를 누린다

모든 것이 은혜다

마리아는
에스더처럼 곱고 아리땁지 않았다
엘리사벳처럼
의인이었다는 말도 없고
한나처럼
아이를 가지기 위해
오랫동안 기도했다는 말도 없다

그는 부자도
훌륭한 가문의 자손도 아니었고
가난한 동네에 살던
지극히 평범한 시골 처녀였다

이런 그가 예수의 어머니로 선택이 되었다
만약 마리아에게
예수님의 어머니로 선택이 된 이유를 묻는다면
모른다고 했을 것이다

여러분은 아는가?
여러분도 모른다

마리아가 예수님의 어머니로 선택을 받은 것은
하나님의 은혜
놀라운 하나님의 은혜였다

기다림의 기쁨

'너를 기다리는 동안'이라는 시가 있다
'기다리는 일처럼 가슴 애리는 일 있을까
오지 않는 너를 기다리며 마침내 나는 너에게 간다'

김용택 시인은 이렇게 썼다
'어디만큼 오셨는지요.
기다릴 사랑이 있는 이들이나
기다리는 사랑을 찾아 길을 떠나는
이들은 행복합니다'

기다려 본 사람은 안다
초조하다 불안하기도 하다
그러나 시인은 기다림은 사랑이며
누군가가 내게로 오는 것만이 아니라
내가 너에게로 가는 행복이라고 한다

기독교는 기다림의 종교다
시므온은 그리스도를 기다리다가
아기 예수를 만나는 기쁨을 누렸다

기다린다는 것은 바라는 것이요,
견디는 것이요, 끝까지 믿는 것이며
결코, 결코
실망하지 않는 기쁨이다

어이할꼬

강물이 흐른다
강물이 흐를수록
분명해져야 할 텐데
더 희미해진다

구름이 흐른다
구름이 흐를수록
가까워져야 할 텐데
더 멀어진다

세월이 흐른다
세월이 흐를수록
크게 보여야 할 텐데
더 작게 보인다

달력을 넘긴다
달력을 넘길수록
깊어져야 할 텐데
더 얕아진다

그는 작은 분이 아니시다
가장 크-신 분이시다
크신 분이 작아 보이는 것은
다른 것을 더 크게 보기 때문이다

괜찮으십니까?

한 초등학교 교문 앞에서
아홉 살 학생이 차량에 치였다

안전하다는 곳이다
늘 다니던
학교 정문 앞이다

그런데 음주 운전자에 의해서
차에 치였다
그는 현장을 떠났다가
다시 돌아왔다
그러나 아이는 돌아오지 못했다

엄마, 나 학교 끝났어!
그래, 조심해서 와!

그런 아이가 안 왔다
아이가 아닌, 전화가 왔다

"아이가 차에 치였습니다"
엄마는 하늘이 무너져 내렸을 것이다

금방 온다고 했는데!
아니, 학교 앞에서 아이가 차에 치이다니!

이러기에 "괜찮으십니까?"를 묻는다

🌸 내가 먼저 왔는데

이화숙(李華淑)
내 동생이다
4살 아래 동생이다
이제 이 세상에서는 볼 수 없게 되었다

내일 생일잔치 하자며
준비 중이었다는데
생일 전날
밤사이에 슬그머니 데려가셨다
하나님께서 나와 함께 낙원에 있자며 데려가셨다

오빠, 밥은?
반찬은?
무릎 수술 받은 데는?
그렇게 걱정해 주더니
밥도 반찬도 건강도 걱정하지 않아도 되는 곳으로 갔다

사진이 나를 보고 웃고 있었다
같이 웃어 주고 싶었지만
웃음이 나오지 않았다

올 때는 오빠가 먼저 왔는데
갈 때는 동생이 먼저 갔다
어릴 적 뛰놀던 고향 옥천 청산으로 갔다
이제 또 누군가?
누가 갈 건가?

시간 여행

기차를 탔다.
시간 여행 기차를 탔다

순식간에 1960년대로 갔다
고향으로 갔다
집이 아닌 초등학교로 갔다

그땐 모두 얘, 야, 너였다
잠시 모두
얘가 되고, 야가 되고, 너가 되었다

하늘 한번 보고
몇 발자국을 떼니
어느새 기차는 쏜살같이 앞으로 내달린다

누가 먼저
언제
어디서 내릴지 모른다

부디 건강하라
아프지 마라
행복하라

그리고 내리기 전에
또 보자
두 손을 모은다

시퍼런 세월

지팡이를 짚은
할아버지와 할머니가
손을 잡고 간다

할아버지의 반만 한
할머니가 앞에 간다
할머니보다 두 배나 더 큰
할아버지가 따라가지 못한다

겨울도 아닌데
얼음판을 걷는 것처럼 걷는다
걷는 시간보다
쉬는 시간이 더 길다

서로를 본다
말이 없다
웃음기도 없다
그러나 다 안다는 표정이다

아이들이 줄달음을 친다
할아버지도 저랬겠지?
오늘
시퍼런 세월의 힘을 보았다

후회하지 않는 삶

많은 사람의 죽음을 보았다
감사하는 사람도
후회하는 사람도
이를 갈며 죽는 사람도 있었다

'몸을 귀하게 여기고 소중히 다루었더라면'
'조금만 더 참았더라면'
'왜 그리 인색했을까?'
'더 친절하게, 더 후하게 베풀걸'

시간에 쫓기고, 일에 매여 사느라
하고 싶은 것도 하지 못하고
가고 싶은 데도 가지 못한 것을
후회하는 사람도 있었다

죽을 때
후회하겠는가?
감사하겠는가?

인자와 진리의 목걸이를 하고
사랑의 향수를 뿌리고
하나님을 신뢰하고
범사에 그를 인정하라

후회하지 않는 삶을 살 것이다

 # 고(故) 김동길 교수

"나(김동길)의 꿈과 사명은
하나님의 사랑을 베푸는 것
하나님의 품 안에서 영원히 사는 것
우리나라가 통일하는 것
자유민주주의가 승리하는 것입니다

내가 매일 지키는 생활습관은
나는 기독교인으로
신앙이 내 삶의 매우 중요한 부분이기에
아침에 일어나면 TV를 켜거나
신문을 읽는 일보다 먼저 하는 게
성경을 읽는 것입니다

내가 성경을 읽는 것은
거기서 삶의 방향과
정신과 철학의 의미를 찾고
늙어간다는 것은 뭔지
나는 어떻게 늙어가야 할지
어디를 향해 떠나야 하는지를 생각합니다"

그는 이렇게 성경을 가까이하고
거기서 세상을 살아갈 지혜와 힘을 얻으며
인생의 달려갈 길을 다- 마쳤다

🌸 풀어주시는 하나님

2018년 9월 4일
청천벽력같은 소리를 들어야 했다

우리 교회를 비롯한
서울노회 10개 교회 부동산에
강제 경매가 신청되었다

우리와는 전혀 상관없는
타 교회의 건축 중 부도로 인해서
같은 유지재단에 소속된 교회라는 이유만으로
억울하게 경매가 신청되었다
청구액은 64억이라는 큰 금액이었다

10개 교회는
이 억울함을 풀기 위해서
소를 제기하기도 하고 재판도 했지만
오히려 원금에 이자가 붙어 갚아야 할 돈만 늘어갔다

좀처럼 해결의 실마리를 찾지 못하고
5년 3개월 동안 애를 태우다가
2023년 12월 1일 강제 경매 문제가 종결되었다

하나님이 풀어주셨다.
기도해주신 여러분에게 감사드린다

🍀 봄이 오는 소리

바람이 매섭다
귀가 시리다
그런데 찬바람에 흔들리는 벚나무 가지들이
몸을 서로 비비고 손을 흔들면서
'봄이 온다' '봄이 온다'라고 소리를 지른다

나무만이 아니다
아직 잔설이 남아 있는 흙도
머리를 풀어헤치고 있는 풀들도
저마다 봄을 맞을 준비를 하고 있다

아직 겨울이다
한겨울이다

그러나 봄이 온다는 희망의 소식을 듣는
풀과 나무는 매서운 추위를 이긴다
죽지 않는다
반드시 살아난다

봄이 오면 흙은 싹을 틔우고
풀은 새순을 돋우고
나무는 열매를 맺는다
전혀 새로운 모습으로 다시 태어난다

🌿 사람이 그리워야 사람이다

이런 글이 있다
'누군가에게 그리운 사람이 되자
사람이 그리워야 사람이다
사람이 그리워해야 사람이다'

사람이 사람인 것은
그리움이 있기 때문이다
그리움을 그리워하는 사람이 돼라
그래야 사람이라는 것이다

사람인가?
누군가에게 그리운 사람이 사람이다

부모인가?
자녀에게 그리운 부모가 부모다

선생인가?
배우는 사람이 그리워해야 선생이다

어른인가?
사람이 그리워해야 어른이다

교인인가?
교회가 그리운 교인이 교인이다

어제 오늘 그리고 내일

1판 1쇄 인쇄 _ 2024년 11월 5일
1판 1쇄 발행 _ 2024년 11월 11일

지은이 _ 이화영
펴낸이 _ 이형규
펴낸곳 _ 쿰란출판사

주소 _ 서울특별시 종로구 이화장길 6
편집부 _ 745-1007, 745-1301~2, 743-1300
영업부 _ 747-1004, FAX 745-8490
본사평생전화번호 _ 0502-756-1004
홈페이지 _ http://www.qumran.co.kr
E-mail _ qrbooks@daum.net | qrbooks@gmail.com
한글인터넷주소 _ 쿰란, 쿰란출판사
페이스북 _ www.facebook.com/qumranpeople
인스타그램 _ www.instagram.com/qrbooks
등록 _ 제1-670호(1988.2.27)
책임교열 _ 오완

© 이화영 2024 ISBN 979-11-6143-976-1 03230

책값은 뒤표지에 있습니다.
이 출판물은 저작권법에 의해 보호를 받는 저작물이므로 무단 복제할 수 없습니다.
파본(破本)은 구입처에서 교환해 드립니다.